विनोभा
भावे

विनोभा भावे

अनीता भगत

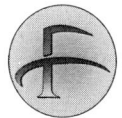

FALGUNI PUBLISHERS & DISTRIBUTORS

First published in India in 2023 by
FALGUNI PUBLISHERS & DISTRIBUTORS

Copyright © **Publisher**
ISBN: 978-93-92766-01-5

The views and opinions expressed in this book are the author's own and the facts are as reported by him, and the publishers are not in any way liable for the same.

FALGUNI PUBLISHERS & DISTRIBUTORS
RTB-160, Royal Tower, Shipra Suncity,
Indirapuram, Ghaziabad, U.P.-201014

Printed and Bound in
Delhi

₹ **599/-**

प्रस्तावना

विनोबा भावे का मूल नाम विनायक नरहरि भावे था। आधुनिक भारत के महान् सन्त, दार्शनिक, सामाजिक एवं आर्थिक विचारक, भू-दान आन्दोलन के प्रणेता और सर्वोदय के अग्रदूत आचार्य विनोबा भावे का जन्म महाराष्ट्र के कोलाबा जिले के गगोदा नामक ग्राम में एक सारस्वत ब्राह्मण परिवार में हुआ था। यह गाँव उनके पिता नरसिंह राव भावे को पेशवा से इनाम में मिला था। भावे-परिवार वहीं आकर रहने लगा। विनोबा का बाल्यकाल उसी गाँव में बीता। माँ साधु स्वभाव की थी, सेवा परायण थी, वात्सल्य से भरपूर थी, उच्चाशयी और उदार हृदय की थी।

लगभग बीसियों भाषाओं के ज्ञाता विनोबा जी देवनागरी को विश्व लिपि के रूप में देखना चाहते थे। भारत के लिये वे देवनागरी को सम्पर्क लिपि के रूप में विकसित करने के पक्षधर थे। वे कहते थे कि, मैं नहीं कहता कि नागरी ही चले, बल्कि मैं चाहता हूँ कि नागरी भी चले। उनके ही विचारों से प्रेरणा लेकर नागरी लिपि संगम की स्थापना की गयी है, जो भारत के अन्दर और भारत के बाहर देवनागरी को उपयोग और प्रसार करने के लिये कार्य करती है।

महात्मा गांधी के वैचारिक और आध्यात्मिक उत्तराधिकारी विनोबा भावे देश के सिर्फ प्रखर विचारक ही नहीं थे बल्कि विशेषज्ञों के अनुसार उन्होंने अपने

जीवनकाल में भू-दान और दस्यु उन्मूलन जैसे तमाम आंदोलन चलाकर दिखा दिया था कि उनके विचार जमीनी सच्चाइयों पर टिके हैं।

अहिंसा के प्रबल हिमायती और भू-दान आंदोलन के प्रणेता और संस्कृत के प्रकांड विद्वान थे आचार्य विनोबा भावे। उन्होंने समाज के धनाढ्य लोगों खासकर बड़े भूमिधरों को इस बात के लिए प्रेरित किया कि वे अपनी जमीन का छठवां हिस्सा उन लोगों को दान कर दें जिनके पास जमीन नहीं है ताकि उन्हें खेती के जरिए जीविकोपार्जन का सहारा मिल सके। उनका यह आंदोलन कुछ हद तक सफल भी रहा लेकिन राज्य सरकारों ने समय रहते उनके इस भू-दान आंदोलन को वाजिब तरजीह नहीं दी अन्यथा आज देश की तस्वीर कुछ और होती। शायद इस देश में किसी भी हिस्से में भूमिहीन नहीं होते। वैसी विषमता भी न होती जैसी आज है। उन्होंने वंचितों और दलितों के उत्थान के लिए कार्य करने में ही पूरी जिंदगी समर्पित कर दी। उनकी सेवाओं को देखते हुए सन् 1983 में मरणोपरांत उन्हें भारत रत्न से नवाजा गया।

—लेखक

अनुक्रम

1

विनोबा भावे

विनोबा भावे का मूल नाम विनायक नरहरि भावे था। आधुनिक भारत के महान् सन्त, दार्शनिक, सामाजिक एवं आर्थिक विचारक, भू-दान आन्दोलन के प्रणेता और सर्वोदय के अग्रदूत आचार्य विनोबा भावे का जन्म महाराष्ट्र के कोलाबा जिले के गगोदा नामक ग्राम में एक सारस्वत ब्राह्मण परिवार में हुआ था। यह गाँव उनके पिता नरसिंह राव भावे को पेशवा से इनाम में मिला था। भावे-परिवार वहीं आकर रहने लगा। विनोबा का बाल्यकाल उसी गाँव में बीता। माँ साधु स्वभाव की थी, सेवा परायण थी, वात्सल्य से भरपूर थी, उच्चाशयी और उदार हृदय की थी।

नरहरि भावे गणित के प्रेमी और वैज्ञानिक सूझबूझ वाले थे। रसायन विज्ञान में उनकी रुचि थी। उन दिनों रंगों को बाहर से आयात करना पड़ता था। नरहरि भावे रात-दिन रंगों की खोज में लगे रहते। बस एक धुन थी उनकी कि भारत को इस मामले में आत्मनिर्भर बनाया जा सके। उनकी पत्नी रुक्मिणी बाई विदुषी महिला थीं। उदार-चित्त, आठों याम भक्ति-भाव में डूबी रहतीं। इसका असर उनके दैनिक कार्य पर भी पड़ता था। मन कहीं और रमा होता तो

कभी सब्जी में नमक कम पड़ जाता, कभी ज्यादा। कभी दाल के बड़ार में हींग डालना भूल जातीं तो कभी बघार दिए बिना ही दाल परोस दी जाती। पूरा घर भक्ति रस से सराबोर रहता था। इसलिए इन छोटी-मोटी बातों की ओर किसी का ध्यान ही नहीं जाता था। उसी सात्विक वातावरण में 11 सितंबर 1895 को विनोबा का जन्म हुआ। उनका बचपन का नाम था विनायक। मां उन्हें प्यार से विन्या कहकर बुलातीं थी। विनोबा के अलावा रुक्मिणी बाई के दो और बेटे थे–वाल्कोबा और शिवाजी। (विनायक से छोटे वाल्कोबा, शिवाजी सबसे छोटे)। विनोबा नाम गांधी जी ने दिया था। महाराष्ट्र में नाम के पीछे 'बा' लगाने का जो चलन है, उसके अनुसार तुकोबा, विठोबा और विनोबा।

मां का स्वभाव विनायक ने भी पाया था। उनका मन भी हमेशा अध्यात्म चिंतन में लीन रहता। न उन्हें खाने-पीने की सुध रहती थी और न स्वाद की खास पहचान थीं। मां जैसा परोस देतीं, चुपचाप खा लेते। रुक्मिणी बाई का गला बड़ा ही मधुर था। भजन सुनते हुए वे उसमें डूब जातीं। गातीं तो भाव-विभोर होकर, पूरे वातावरण में भक्ति-सलिला प्रवाहित होने लगती। रामायण की चौपाइयां वे मधुर भाव से गातीं। ऐसा लगता जैसे मां शारदा गुनगुना रही हो। विनोबा को अध्यात्म के संस्कार देने, उन्हें भक्ति-वेदांत की ओर ले जाने में, बचपन में उनके मन में संन्यास और वैराग्य की प्रेरणा जगाने में उनकी मां रुक्मिणी बाई का बड़ा योगदान था। बालक विनायक को माता-पिता दोनों के संस्कार मिले। गणित की सूझ-बूझ और तर्क-सामर्थ्य, विज्ञान के प्रति गहन अनुराग, परंपरा के प्रति वैज्ञानिक दृष्टिकोण और तमाम तरह के पूर्वाग्रहों से अलग हटकर सोचने की कला उन्हें पिता की ओर से प्राप्त हुई। जबकि मां की ओर से मिले धर्म और संस्कृति के प्रति गहन अनुराग, प्राणीमात्र के कल्याण की भावना, जीवन के प्रति सकारात्मक दृष्टिकोण, सर्वधर्म समभाव, सहअस्तित्व और ससम्मान की कला। आगे चलकर विनोबा को गांधी जी का आध्यात्मिक उत्तराधिकारी माना गया। आज भी कुछ लोग यही कहते हैं। मगर यह विनोबा के चरित्र का एकांगी और एकतरफा विश्लेषण है। वे गांधी जी के 'आध्यात्मिक उत्तराधिकारी' से बहुत आगे, स्वतंत्र सोच के स्वामी थे। मुख्य बात यह है कि गांधी जी के प्रखर प्रभामंडल के आगे उनके व्यक्तित्व का स्वतंत्र मूल्यांकन हो ही नहीं पाया।

महात्मा गांधी एक राजनीतिज्ञ थे। उनकी आध्यात्मिक चेतना सुबह-शाम की आरती और पूजा-पाठ तक सीमित थी, जबकि उनकी धार्मिक-चेतना उनके

राजनीतिक कार्यक्रमों के अनुकूल और समन्वयात्मक थी। उसमें आलोचना-समीक्षा भाव के लिए कोई स्थान नहीं था। धर्म-दर्शन के मामले में यूं तो विनोबा भी समर्पण और स्वीकार्य-भाव रखते थे। मगर उन्हें जब भी अवसर मिला धर्म-ग्रंथों की व्याख्या उन्होंने लीक से हटकर की। चाहे वह 'गीता प्रवचन' हों या संत तुकाराम के अभंगों पर लिखी गई पुस्तक 'संतप्रसाद'। इससे उसमें पर्याप्त मौलिकता और सहजता है। यह कार्य वही कर सकता था जो किसी के भी बौद्धिक प्रभामंडल से मुक्त हो। एक बात यह भी महात्मा गांधी के सान्ध्यि में आने से पहले ही विनोबा आध्यात्मिक ऊँचाई प्राप्त कर चुके थे। आश्रम में आने के बाद भी वे अध्ययन-चिंतन के लिए नियमित समय निकालते थे। विनोबा से पहली ही मुलाकात में प्रभावित होने पर गांधी जी ने सहज-मन से कहा था

बाकी लोग तो इस आश्रम से कुछ लेने के लिए आते हैं, एक यही है जो हमें कुछ देने के लिए आया है। दर्शनशास्त्र उनका प्रिय विषय था। आश्रम में दाखिल होने के कुछ महिनों के भीतर ही दर्शनशास्त्र की आगे की पढ़ाई के लिए उन्होंने एक वर्ष का अध्ययन अवकाश लिया था।

1903 में वे बड़ौदा आए। कुशाग्र बुद्धि के थे। स्मरण शक्ति उनकी अद्भूत थी। कठोर जीवन बिताते थे। चटाई पर सोते थे, तकिया नहीं लगाते थे। 1913 में हाई स्कूल की परीक्षा उत्तीर्ण की। फिर कॉलेज में भर्ती हुए। अब उनमें राष्ट्रीय तथा आध्यात्मिक चेतना तेजी से विकसित होने लगी। देश को स्वतन्त्र कराने के लिये उन्होंने 'विद्याथी-मण्डल' की स्थापना की। साथ ही स्वामी रामदास का 'दासबोध, 'तुकाराम की गाथा', सन्त ज्ञानेश्वर की ज्ञानेश्वरी आदि पुस्तकें अध्ययन-मनन के लिये खरीद लीं। विचार-मन्थन के बाद उन्होंने निश्चय किया कि जीवन में न नौकरी करेंगे और न किसी व्यापार-धन्धे में पड़ेंगे। आध्यात्मिक साधना उनका प्रमुख लक्ष्य होगा। फिर क्या था, अपने सारे प्रमाण-पत्र उन्होंने जला दिए और महत्त्वकांक्षी जीवन से विमुख हो गए।

बचपन

विनोबा के यूं तो दो छोटे भाई और भी थे, मगर मां का सर्वाधिक वात्सल्य विनायक को ही मिला। भावनात्मक स्तर पर विनोबा भी खुद को अपने पिता की अपेक्षा मां के अधिक करीब पाते थे। यही हाल रुक्मिणी बाई का था, तीनों बेटों में 'विन्या' उनके दिल के सर्वाधिक करीब था। वे भजन-पूजन को समर्पित

रहतीं। मां के संस्कारों का प्रभाव, भौतिक सुख-सुविधाओं के प्रति उदासीनता और त्याग की भावना किशोरावस्था में ही विनोबा के चरित्र का हिस्सा बन चुकी थी। घर का निर्जन कोना उन्हें ज्यादा सुकून देता। मौन उनके अंतर्मन को मुखर बना देता। वे घर में रहते, परिवार में सबके बीच, मगर ऐसे कि सबके साथ रहते हुए भी जैसे उनसे अलग, निस्पृह और निरपेक्ष हों। नहीं तो मां के पास, उनके सानिध्य में 'विन्या' उनके दिल, उनकी आध्यात्मिक मन-रचना के अधिक करीब था। मन को कोई उलझन हो तो वही सुलझाने में मदद करता। कोई आध्यात्मिक समस्या हो तो भी विन्या ही काम आता। यहां तक कि यदि पति नरहरि भावे भी कुछ कहें तो उसमें विन्या का निर्णय ही महत्त्वपूर्ण होता था। ऐसा नहीं है कि विन्या एकदम मुक्त या नियंत्रण से परे था। परिवार की आचार संहिता विनोबा पर भी पूरी तरह लागू होती थी। विनोबा के बचपन की एक घटना है। रुक्मिणी बाई ने बच्चों के लिए एक नियम बनाया हुआ था कि भोजन तुलसी के पौधे को पानी देने के बाद ही मिलेगा। विन्या बाहर से खेलकर घर पहुंचते, भूख से आकुल-व्याकुल मां के पास पहुंचते ही कहते–

'मां, भूख लगी है, रोटी दो।'

'रोटी तैयार है, लेकिन मिलेगी तब पहले तुलसी को पानी पिलाओ।' मां आदेश देती।

'नहीं मां, बहुत जोर की भूख लगी है।' अनुनय करते हुए बेटा मां की गोद में समा जाता। मां को उस पर प्यार हो आता। परंतु नियम-अनुशासन अटल था।

'तो पहले तुलसी के पौधे की प्यास बुझा।' बालक विन्या तुलसी के पौधे को पानी पिलाता, फिर भोजन पाता।

रुक्मिणी सोने से पहले समर्थ गुरु रामदास की पुस्तक 'दास बोध' का प्रतिदिन अध्ययन करतीं। उसके बाद ही वे चारपाई पर जातीं। बालक विन्या पर इसका असर पड़ना स्वाभाविक ही था। वे उसे संत ज्ञानेश्वर, तुकाराम, नामदेव और शंकराचार्य की कथाएं सुनातीं। रामायण, महाभारत की कहानियां, उपनिषदों के तत्व ज्ञान के बारे में समझातीं। संन्यास उनकी भावनाओं पर सवार रहता। लेकिन दुनिया से भागने के बजाय लोगों से जुड़ने पर वे जोर देतीं। संसार से भागने के बजाय उसको बदलने का आग्रह करतीं। अक्सर कहतीं 'विन्या, गृहस्थाश्रम का भली-भांति पालन करने से पितरों को मुक्ति मिलती है।'

लेकिन विन्या पर तो गुरु रामदास, संत ज्ञानेश्वर और शंकराचार्य का भूत सवार रहता। इन सभी महात्माओं ने अपनी आध्यात्मिक तृप्ति के लिए बहुत कम आयु में अपने माता-पिता और घर-परिवार का बहिष्कार किया था। वे कहते–

'मां जिस तरह समर्थ गुरु रामदास घर छोड़कर चले गए थे, एक दिन मुझे भी उसी तरह प्रस्थान कर देना है।'

ऐसे में कोई और मां होती तो हिल जाती। विचारमात्र से रो-रोकर आसमान सिर पर उठा लेती। क्योंकि लोगों की सामान्य-सी प्रवृत्ति बन चुकी है कि त्यागी, वैरागी होना अच्छी बात, महानता की बात, मगर तभी तक जब त्यागी और वैरागी दूसरे के घर में हों। अपने घर में सब साधारण सांसारिक जीवन जीना चाहते हैं। मगर रुक्मिणी बाई तो जैसे किसी और ही मिट्टी की बनी थीं। वे बड़े प्यार से बेटे को समझातीं

'विन्या, गृहस्थाश्रम का विधिवत पालन करने से माता-पिता तर जाते हैं। मगर ब्रह्मचर्य का पालन करने से तो 41 पीढयियों का उद्धार होता है।'

बेटा मां के कहे को आत्मसात करने का प्रयास कर ही रहा होता कि वे आगे जोड़ देतीं–

'विन्या, अगर मैं पुरुष होती तो सिखाती कि वैराग्य क्या होता है।'

बचपन में बहुत कुशाग्र बुद्धि के थे विनोबा। गणित उनका प्रिय विषय था। कविता और अध्यात्म चेतना के संस्कार मां से मिले। उन्हीं से जड़ और चेतन दोनों को समान दृष्टि से देखने का बोध जागा। मां बहुत कम पढ़ी-लिखी थीं, पर उन्होंने विन्या को अपरिग्रह, अस्तेय के बारे में अपने आचरण से बताया। संसार में रहते हुए भी उससे निस्पृह-निर्लिप्त रहना सिखाया। मां का ही असर था कि विन्या कविता रचते और और उन्हें आग के हवाले कर देते। दुनिया में जब सब कुछ अस्थाई और क्षणभंगुर है, कुछ भी साथ नहीं जाना तो अपनी रचना से ही मोह क्यों पाला जाए। उनकी मां यह सब देखतीं, सोचतीं, मगर कुछ न कहतीं। मानो विन्या को बड़े से बड़े त्याग के लिए तैयार कर रही हों। विनोबा की गणित की प्रवीणता और उसके तर्क उनके आध्यात्मिक विश्वास के आड़े नहीं आते थे। यदि कभी दोनों के बीच स्पर्धा होती भी तो जीत आध्यात्मिक विश्वास की ही होती। आज वे घटनाएं मां-बेटे के आपसी स्नेह-अनुराग और विश्वास का ऐतिहासिक दस्तावेज हैं।

रुक्मिणी बाई हर महीने चावल के एक लाख दाने दान करती थीं। एक लाख की गिनती करना भी आसान न था, सो वे पूरे महीने एक-एक चावल गिनती रहतीं। नरहरि भावे पत्नी को चावल गिनते में श्रम करते देख मुस्कराते। कम उम्र में ही आंख कमजोर पड़ जाने से डर सताने लगता। उनकी गणित बुद्धि कुछ और ही कहती। सो एक दिन उन्होंने रुक्मिणी बाई को टोक ही दिया 'इस तरह एक-एक चावल गिनने में समय जाया करने की जरूरत ही क्या है। एक पाव चावल लो, उनकी गिनती कर लो, फिर उसी से एक लाख चावलों का वजन निकालकर तौल लो, कमी न रहे, इसलिए एकाध मुट्ठी ऊपर से डाल लो।' बात तर्क की थी। लौकिक समझदारी भी इसी में थी कि जब भी संभव हो, दूसरे जरूरी कार्यों के लिए समय की बचत की जाए। रुक्मिणी बाई को पति का तर्क समझ में तो आता, पर मन न मानता। एक दिन उन्होंने अपनी दुविधा विन्या के सामने प्रकट करने के बाद पूछा–

'इस बारे में तेरा क्या कहना है, विन्या?'

बेटे ने सबकुछ सुना, सोचा और बोला–'मां, पिता जी के तर्क में दम है। गणित यही कहता है, किंतु दान के लिए चावल गिनना सिर्फ गिनती करना नहीं है। गिनती करते समय हर चावल के साथ हम न केवल ईश्वर का नाम लेते जाते हैं, बल्कि हमारा मन भी उसी से जुड़ा रहता है।' ईश्वर के नाम पर दान के लिए चावल गिनना भी एक साधना है, रुक्मिणी बाई ने ऐसा पहले कहां सोचा था। अध्यात्मरस में पूरी तरह डूबी रहने वाली रुक्मिणी बाई को 'विन्या' की बातें खूब भातीं। बेटे पर गर्व हो आता था, उन्हें उन्होंने आगे भी चावलों की गिनती करना न छोड़ा और न ही इस काम से उनके मन में कभी निरर्थकता बोध जागा।

ऐसी ही एक और घटना है, जो दर्शाती है कि विनोबा कोरी गणितीय गणनाओं में आध्यात्मिक तत्व कैसे खोज लेते थे। घटना उस समय की है जब वे गांधी जी के आश्रम में प्रवेश कर चुके थे तथा उनके रचनात्मक कार्यों में बढ़-चढ़कर हिस्सा ले रहे थे। आश्रम में सुबह-शाम प्रार्थना सभाएं होतीं। उनमें उपस्थित होने वाले आश्रमवासियों की नियमित गिनती की जाती। यह जिम्मेदारी एक कार्यकर्ता पर थी। प्रसंग यह है कि एक दिन प्रार्थना सभा के बाद जब उस कार्यकर्ता ने प्रार्थना में उपस्थित हुए आगंतुकों की संख्या बताई तो विनोबा झट से प्रतिवाद करते हुए बोले–

'नहीं इससे एक कम थी।'

कार्यकर्ता को अपनी गिनती पर विश्वास था, इसलिए वह भी अपनी बात पर अड़ गया। कर्म में विश्वास रखने वाले विनोबा आमतौर पर बहस में पड़ने से बचते थे। मगर उस दिन वे भी अपनी बात पर अड़ गए। आश्रम में विवादों का निपटान बापू की अदालत में होता था। गांधी जी को अपने कार्यकर्ता पर विश्वास था। मगर जानते थे कि विनोबा यूं ही बहस में नहीं पड़ने वाले। वास्तविकता जानने के लिए उन्होंने विनोबा की ओर देखा। तब विनोबा ने कहा'प्रार्थना में सम्मिलित श्रद्धालुओं की संख्या जितनी इन्होंने बताई उससे एक कम ही थी।' 'वह कैसे?' 'इसलिए कि एक आदमी का तो पूरा ध्यान वहां उपस्थित सज्जनों की गिनती करने में लगा था।' गांधीजी विनोबा का तर्क समझ गए। प्रार्थना के काम में हिसाब-किताब और दिखावे की जरूरत ही क्या। आगे से प्रार्थना सभा में आए लोगों की गिनती का काम रोक दिया गया। युवावस्था के प्रारंभिक दौर में ही विनोबा आजन्म ब्रह्मचारी रहने की ठान चुके थे। वही महापुरुष उनके आदर्श थे जिन्होंने सत्य की खोज के लिए बचपन में ही वैराग्य ओढ़ लिया था और जब संन्यास धारण कर ब्रह्मचारी बनना है, गृहस्थ जीवन से नाता ही तोड़ना है तो क्यों न मन को उसी के अनुरूप तैयार किया जाए। क्यों उलझा जाए संबंधों की मीठी डोर, सांसारिक प्रलोभनों में। ब्रह्मचर्य की तो पहली शर्त यही है कि मन को भटकने से रोका जाए। वासनाओं पर नियंत्रण रहे। किशोर विनायक से किसी ने कह दिया था कि ब्रह्मचारी को किसी विवाह के भोज में सम्मिलित नहीं होना चाहिए। वे ऐसे कार्यक्रमों में जाने से अक्सर बचते भी थे। पिता नरहरि भावे तो थे ही, यदि किसी और को ही जाना हुआ तो छोटे भाई चले जाते। विनोबा का तन दुर्बल था। बचपन से ही कोई न कोई व्याधि लगी रहती। मगर मन-मस्तिष्क पूरी तरह चौतन्य, मानो शरीर की सारी शक्तियां सिमटकर दिमाग में समा गई हों। स्मृति विलक्षण थी। किशोर विनायक ने वेद, उपनिषद के साथ-साथ संत ज्ञानेश्वर, तुकाराम, नामदेव के सैकड़ों पद अच्छी तरह से याद कर लिए थे। गीता उन्हें बचपन से ही कंठस्थ थी। आगे चलकर चालीस हजार श्लोक भी उनके मानस में अच्छी तरह रम गए।

विनायक की बड़ी बहन का विवाह तय हुआ तो मानो परीक्षा की घड़ी भी करीब आ गई। उन्होंने तय कर लिया कि विवाह के अवसर पर भोज से दूर रहेंगे। कोई टोका-टाकी न करे, इसलिए उन्होंने उस दिन उपवास रखने की घोषणा कर दी। बहन के विवाह में भाई उपवास रखे, यह भी उचित न

था। पिता तो सुनते ही नाराज हो गए। मगर मां ने बात संभाल ली। उन्होंने बेटे को साधारण 'दाल-भात' खाने के लिए राजी कर लिया। यही नहीं अपने हाथों से अलग खाना पकाकर भी दिया। धूम-धाम से विवाह हुआ। विनायक ने खुशी-खुशी उसमें हिस्सा लिया। लेकिन अपने लिए मां द्वारा खास तौर पर बनाए दाल-भात से ही गुजारा किया। मां-बेटे का यह प्रेम आगे भी बना रहा। आगे चलकर जब संन्यास के लिए घर छोड़ा तो मां की एक लाल किनारी वाली धोती और उनके पूजाघर से एक मूर्ति साथ ले गए। मूर्ति तो उन्होंने दूसरे को भेंट कर दी थी। मगर मां की धोती जहां भी वे जाते, अपने साथ रखते। सोते तो सिरहाने रखकर। जैसे मां का आशीर्वाद साथ लिए फिरते हों। संन्यासी मन भी मां की स्मृतियों से पीछा नहीं छुटा पाया था। मां के संस्कार ही विनोबा की आध्यात्मिक चेतना की नींव बने। उन्हीं पर उनका जीवनदर्शन विकसित हुआ। आगे चलकर उन्होंने रचनात्मकता और अध्यात्म के क्षेत्र में जो ख्याति अर्जित की उसके मूल में भी मां की ही प्रेरणाएं थीं।

रुक्मिणी बाई कम पढ़ी-लिखीं थीं। उन्हें संस्कृत समझ में नहीं आती थीं। लेकिन मन था कि गीता-ज्ञान के लिए तरसता रहता। एक दिन मां ने अपनी कठिनाई पुत्र के समक्ष रख ही दी और विन्या से कहने लगी–

'विन्या, संस्कृत की गीता समझ में नहीं आती।' विनोबा जब अगली बार बाजार गए, गीता के तीन-चार मराठी अनुवाद खरीद लाए। लेकिन उनमें भी अनुवादक ने अपना पांडित्य प्रदर्शन किया था।

'मां बाजार में यही अनुवाद मिले।' विन्या ने समस्या बताई। ऐसे बोझिल और उबाऊ अनुवाद अपनी अल्पशिक्षित मां के हाथ में थमाते हुए वे स्वयं दुःखी थे।

'तो तू नहीं क्यों नहीं करता नया अनुवाद।' मां ने जैसे चुनौती पेश की। विनोबा उसके लिए पूरी तरह तैयार नहीं थे।

'मैं, क्या मैं कर सकूंगा?' विनोबा ने हैरानी जताई। उस समय उनकी अवस्था मात्र 21 वर्ष थी। पर मां को बेटे की क्षमता पर पूरा विश्वास था।

'तू करेगा...तू कर सकेगा विन्या!' मां के मुंह से बरबस निकल पड़ा। मानो आशीर्वाद दे रही हो। गीता के प्रति विनोबा का गहन अनुराग पहले भी था। परंतु उसका वे भास्य लिखेंगे और वह भी मराठी में, यह उन्होंने कभी नहीं सोचा था। लेकिन मां की इच्छा भी उनके लिए सर्वोपरि थी। धीरे-धीरे उनका आत्मविश्वास बढ़ता गया। गीता पहले भी उन्हें भाती थी। अब तो जैसे हर

आती-जाती सांस गीता का पाठ करने लगी। सांस-सांस गीता हो गया। यह सोचकर कि मां में निमित्त काम करना है। दायित्वभार साधना है। विनोबा का मन गीता हो गया। उसी साल 7 अक्टूबर को उन्होंने अनुवादकर्म के निमित्त कलम उठाई। उसके बाद तो प्रातःकाल स्नानादि के बाद रोज अनुवाद करना, उनकी दिनचर्या का हिस्सा बन गया। यह काम 1931 तक चला। परंतु जिसके लिए वह संकल्प साधा था, वह उस उपलब्धि को देख न सकीं। मां रुक्मिणी बाई का निधन 24 अक्टूबर 1918 को ही हो चुका था। विनोबा ने इसे भी ईश्वर इच्छा माना और अनुवादकार्य में लगे रहे।

विनोबा धार्मिक संस्कारों में पाखंड के विरोधी थे। मां के निधन के समय भी विनोबा का अपने पिता और भाइयों से मतभेद हुआ। विनोबा ब्राह्मणों के हाथ से परंपरागत तरीके से दाह-संस्कार का विरोध कर रहे थे। लेकिन परिवार वालों की जिद के आगे उनकी एक न चली। विनोबा भी अपने सिद्धांतों पर अडिग थे। नतीजा यह कि जिस मां को वे सबसे अधिक चाहते थे, जो उनकी आध्यात्मिक गुरु थीं, उनके अंतिम संस्कार से वे दूर ही रहे। मां को उन्होंने भीगी आंखों से मौन विदाई दी। आगे चलकर 29 अक्टूबर 1947 को विनोबा के पिता का निधन हुआ तो उन्होंने वेदों के निर्देश कि 'मिट्टी पर मिट्टी का ही अधिकार है' का पालन करते हुए उनकी देह को अग्नि-समर्पित करने के बजाय, मिट्टी में दबाने पर जोर दिया। तब तक विनोबा संत विनोबा हो चुके थे। गांधी जी का उन्हें आशीर्वाद प्राप्त था। इसलिए इस बार उन्हीं की चली।

मां की गीता में आस्था थी। वे विनोबा को गीता का मराठी में अनुवाद करने का दायित्व सौंपकर गई थीं। विनोबा उस कार्य में मनोयोग से लगे थे। आखिर अनुवाद कर्म पूरा हुआ। पुस्तक का नाम रखा गया–गीताई। गीता+आई = गीताई। महाराष्ट्र में 'आई' का अभिप्राय 'मां के प्रति' से है, यानी मां की स्मृति उसके नेह से जुड़ी-रची गीता। पुत्र की कृति को देखने के लिए तो रुक्मिणी बाई जीवित नहीं थीं, मगर उनकी याद और अभिलाषा से जुड़ी गीताई, महाराष्ट्र के घर-घर में माताओं और बहनों के कंठ-स्वर में ढलने लगी। उनकी अध्यात्म चेतना का आभूषण बन गई। गांधी जी ने सुना तो अनुवाद कर्म की भूरि-भूरि प्रशंसा की। जो महिलाएं संस्कृत नहीं जानती थीं, जिन्हें अपनी भाषा का भी आधा-अधूरा ज्ञान था, उनके लिए सहज-सरल भाषा में रची गई 'गीताई', गीता की आध्यात्मिकता में डूबने के लिए वरदान बन गई।

संन्यास की साध

विनोबा को बचपन में मां से मिले संस्कार युवावस्था में और भी गाढ़े होते चले गए। युवावस्था की ओर बढ़ते हुए विनोबा न तो संत ज्ञानेश्वर को भुला पाए थे, न तुकाराम को, वही उनके आदर्श थे। संत तुकाराम के अभंग तो वे बड़े ही मनोयोग से गाते। उनका अपने आराध्य से लड़ना-झगड़ना, नाराज होकर गाली देना, रूठना-मनाना उन्हें बहुत अच्छा लगता। संत रामदास का जीवन भी उन्हें प्रेरणा देता। वे न शंकराचार्य को विस्मृत कर पाए थे, न उनके संन्यास को, दर्शन उनका प्रिय विषय था। हिमालय जब से होश संभाला था, तभी से उनकी सपनों में आता था और वे कल्पना में स्वयं को सत्य की खोज में गहन कंदराओं में तप-साधना करते हुए पाते। वहां की निर्जन, वर्फ से ढकी दीर्घ-गहन कंदराओं में उन्हें परमसत्य की खोज में लीन हो जाने के लिए उकसातीं।

1915 में उन्होंने हाई स्कूल की परीक्षा पास की। अब आगे क्या पढ़ा जाए। वैज्ञानिक प्रवृत्ति के पिता और अध्यात्म में डूबी रहने वाली मां का वैचारिक द्वंद्व वहां भी अलग-अलग धाराओं में प्रकट हुआ। पिता ने कहा-‘फ्रेंच पढ़ो.’ मां बोलीं‘ब्राह्मण का बेटा संस्कृत न पढ़े, यह कैसे संभव है!’ विनोबा ने उन दोनों का मन रखा। इंटर में फ्रेंच को चुना। संस्कृत का अध्ययन उन्होंने निजी स्तर पर जारी रखा। उन दिनों फ्रेंच ज्ञान-विज्ञान के क्षेत्र में हो रही क्रांति की भाषा थी। सारा परिवर्तनकामी साहित्य उसमें रचा जा रहा था। दूसरी ओर बड़ौदा का पुस्तकालय दुर्लभ पुस्तकों, पांडुलिपियों के खजाने के लिए पूरे देश में प्रसिद्ध था। विनोबा ने उस पुस्तकालय को अपना दूसरा ठिकाना बना दिया। विद्यालय से जैसे ही छुट्टी मिलती, वे पुस्तकालय में जाकर अध्ययन में डूब जाते। फ्रांसीसी साहित्य ने विनोबा का परिचय पश्चिमी देशों में हो रही वैचारिक क्रांति से कराया। संस्कृत के ज्ञान ने उन्हें वेदों और उपनिषदों में गहराई से पैठ बनाने की योग्यता दी। ज्ञान का स्तर बढ़ा, तो उसकी ललक भी बढ़ी। मगर मन से हिमालय का आकर्षण, संन्यास की साध, वैराग्यबोध न गया।

उन दिनों इंटर की परीक्षा के लिए मुंबई जाना पड़ता था। विनोबा भी तय कार्यक्रम के अनुसार 25 मार्च 1916 को मुंबई जाने वाली रेलगाड़ी में सवार हुए। उस समय उनका मन डावांडोल था। पूरा विश्वास था कि हाईस्कूल की तरह इंटर की परीक्षा भी पास कर ही लेंगे। मगर उसके बाद क्या? क्या यही उनके जीवन का लक्ष्य है? विनोबा को लग रहा था कि अपने जीवन में वे जो

चाहते हैं, वह औपचारिक अध्ययन द्वारा संभव नहीं। विद्यालय के प्रमाणपत्र और कालिज की डिग्रियां उनका अभीष्ठ नहीं हैं। रेलगाड़ी अपनी गति से भाग रही थी। उससे सहस्र गुना तेज भाग रहा था विनोबा का मन। आखिर जीत मन की हुई। जैसे ही गाड़ी सूरत पहुंची, विनोबा उससे नीचे उतर आए। गाड़ी आगे बढ़ी पर विनोबा का मन दूसरी ओर खिंचता चला गया। दूसरे प्लेटफार्म पर पूर्व की ओर जाने वाली रेलगाड़ी मौजूद थी। विनोबा को लगा कि हिमालय एक बार फिर उन्हें आमंत्रित कर रहा है। गृहस्थ जीवन या संन्यास। मन में कुछ देर तक संघर्ष चला। ऊहापोह से गुजरते हुए उन्होंने निर्णय लिया और उसी गाड़ी में सवार हो गए। संन्यासी अपनी पसंदीदा यात्रा पर निकल पड़ा। इस हकीकत से अनजान कि इस बार भी जिस यात्रा के लिए वे ठान कर निकले हैं, वह उनकी असली यात्रा नहीं, सिर्फ एक पड़ाव है। जीवन से पलायन उनकी नियति नहीं। उन्हें तो लाखों-करोड़ों भारतीयों के जीवन की साध, उनके लिए एक उम्मीद बनकर उभरना है।

ब्रह्म की खोज, सत्य की खोज, संन्यास लेने की साध में विनोबा भटक रहे थे। उसी लक्ष्य के साथ उन्होंने घर छोड़ा था। हिमालय की ओर यात्रा जारी थी। बीच में काशी का पड़ाव आया। मिथकों के अनुसार भगवान शंकर की नगरी, हजारों वर्षों तक धर्म-दर्शन का केंद्र रही काशी। साधु-संतों और विचारकों का कुंभ। जिज्ञासुओं और ज्ञान-पिपासुओं को अपनी ओर आकर्षित करने वाली पवित्र धर्मस्थली। शंकराचार्य तक खुद को काशी-यात्रा के प्रलोभन से नहीं रोक पाए थे। काशी के गंगा घाट पर जहां नए विचार पनपे तो वितंडा भी अनगिनत रचे जाते रहे। उसी गंगा तट पर विनोबा भटक रहे थे, अपने लिए मंजिल की तलाश में। गुरु की तलाश में जो उन्हें आगे का रास्ता दिखा सके। जिस लक्ष्य के लिए उन्होंने घर छोड़ा था, उस लक्ष्य तक पहुंचने का मार्ग बता सके। भटकते हुए वे एक स्थान पर पहुंचे जहां कुछ सत्य-साधक शास्त्रार्थ कर रहे थे। विषय था अद्वैत और द्वैत में कौन सही। प्रश्न काफी पुराना था। लगभग बारह सौ वर्ष पहले भी इस पर निर्णायक बहस हो चुकी थी, शंकराचार्य और मंडन मिश्र के बीच। उस ऐतिहासिक बहस में द्वैतवादी मंडन मिश्र और उनकी पत्नी को शंकराचार्य ने पराजित किया था। वही विषय फिर उन सत्य-साधकों के बीच आ फंसा था या कहो कि वक्त काटने के लिए दोनों पक्ष अपने-अपने तर्कों के साथ वितंडा रच रहे थे और फिर बहस को समापन की ओर ले जाते हुए

अचानक घोषणा कर दी गई कि अद्वैतवादी की जीत हुई है। विनोबा चौंके। उनकी हंसी छूट गई।

'नहीं, अद्वैतवादी ही हारा है।' विनोबा के मुंह से बेसाख्ता निकल पड़ा। सब उनकी ओर देखने लगे। एक युवा, जिसकी उम्र बीस-इकीस वर्ष की रही होगी, दिग्गज विद्वानों के निर्णय को चुनौती दे रहा था। उस समय यदि महान अद्वैतवादी शंकराचार्य का स्मरण न रहा होता तो वे लोग जरूर नाराज हो जाते। उन्हें याद आया, जिस समय शंकराचार्य ने मंडनमिश्र को पराजित किया, उस समय उनकी उम्र भी लगभग वही थी, जो उस समय विनोबा की थी।

'यह तुम कैसे कह सकते हो, जबकि द्वैतवादी सबके सामने अपनी पराजय स्वीकार कर चुका है।'

'नहीं यह अद्वैतवादी की ही पराजय है।' विनोबा अपने निर्णय पर दृढ़ थे।

'कैसे?'

'जब कोई अद्वैतवादी द्वैतवादी से शास्त्रार्थ करना स्वीकार कर ले, तो समझो कि उसने पहले ही हार मान ली है।' उस समय विनोबा के मन में अवश्य ही शंकराचार्य की छवि रही होगी। उनकी बात भी ठीक थी। जिस अद्वैतमत का प्रतिपादन बारह सौ वर्ष पहले शंकराचार्य मंडनमिश्र को पराजित करके कर चुके थे, उसकी प्रामाणिकता पर पुनः शास्त्रार्थ और वह भी बिना किसी ठोस आधार के सिर्फ वितंडा के यह और क्या हो सकता है! वहां उपस्थित विद्वानों को विनोबा की बात सही लगी। कुछ साधु विनायक को अपने संघ में शामिल करने को तैयार हो गए। कुछ तो उन्हें अपना गुरु बनाने तक को तैयार थे। पर जो स्वयं भटक रहा हो, जो खुद गुरु की खोज में, नीड़ की तलाश में निकला हो, वह दूसरे को छाया क्या देगा! अपनी जिज्ञासा और असंतोष को लिए विनोबा वहां से आगे बढ़ गए। इस बात से अनजान कि काशी ही उन्हें आगे का रास्ता दिखाएगी और उन्हें उस रास्ते पर ले जाएगी, जिधर जाने के बारे उन्होंने अभी तक सोचा भी नहीं है। मगर जो उनकी वास्तविक मंजिल है।

गांधी से मुलाकात

यह 1916 की घटना है। काशी में संस्कृत का अध्ययन किया। उन्हीं दिनों हिमालय-दर्शन के लिये गये। वह एक ऐसे व्यक्ति की खोज में थे, जिनमें राजनीति और अध्यात्मक का समन्वय हो। संयोग से उन्हीं दिनों काशी के

हिन्दू विश्वविद्यालय का उद्घाटन हुआ। उस अवसर पर गाँधीजी का भाषण हुआ। एक ओर विनोबा संन्यास की साध में, सत्यान्वेषण की ललक लिए काशी की गलियों में, घाटों पर भटक रहे थे, वहीं दूसरी ओर एक और जिज्ञासु भारत को जानने, उसके हृदयप्रदेश की धड़कनों को पहचानने, उससे आत्मीयता भरा रिश्ता कायम करने के लिए भारत-भ्रमण पर निकला हुआ था। वह कुछ ही महीने पहले दक्षिण अफ्रीका से बेशुमार ख्याति बटोरकर लौटा था। आगे उसकी योजना भारतीय राजनीति में दखल देने की थी। उस साधक का नाम था मोहनदास करमचंद गांधी। अपने राजनीतिक गुरु गोविंद बल्लभ पंत के कहने पर वह भारत की आत्मा को जानने के उद्देश्य से एक वर्ष के भारत-भ्रमण पर निकला हुआ था। आगे चलकर भारतीय राजनीति पर छा जाने, करोड़ों भारतीयों के दिल की धड़कन, भारतीय स्वाधीनता आंदोलन का प्रमुख सूत्रधार, अहिंसक सेनानी बन जाने वाले गांधी उन दिनों अप्रसिद्ध ही थे। 'महात्मा' की उपाधि भी उनसे दूर थी। सिर्फ दक्षिण अफ्रीका में छेड़े गए आंदोलन की पूंजी ही उनके साथ थी। उसी के कारण वे पूरे भारत में जाने जाते थे। उन दिनों उनका पड़ाव भी काशी ही था। मानो दो महान आत्माओं को मिलवाने के लिए समय अपना जादुई खेल रच रहा था।

काशी में महामना मदन मोहन मालवीय द्वारा स्थापित हिंदू विश्वविद्यालय में एक बड़ा जलसा हो रहा था। 4 फरवरी 1916, जलसे में राजे-महाराजे, नबाव, सामंत सब अपनी पूरी धज के साथ उपस्थित थे। सम्मेलन की छटा देखते ही बनती थी। उस सम्मेलन में गांधी जी ने ऐतिहासिक भाषण दिया। वह कहा जिसकी उस समय कोई उम्मीद नहीं कर सकता था। वक्त पड़ने पर जिन राजा-सामंतों की खुशामद स्वयं अंग्रेज भी करते थे, जिनके दान पर काशी विश्वविद्यालय और दूसरी अन्य संस्थाएं चला करती थीं, उन राजा-सामंतों की खुली आलोचना करते हुए गांधी जी ने कहा कि अपने धन का सदुपयोग राष्ट्रनिर्माण के लिए करें। उसको गरीबों के कल्याण में लगाएं। उन्होंने आवाह्न किया कि वे व्यापक लोकहित में अपने सारे आभूषण दान कर दें। वह एक क्रांतिकारी अपील थी। सभा में खलबली मच गई, पर गांधी की मुस्कान उसी तरह बनी रही। अगले दिन उस सम्मेलन की खबरों से अखबार रंगे पड़े थे। विनोबा ने समाचारपत्र के माध्यम से ही गांधी जी के बारे में जाना और उन्हें लगा कि जिस लक्ष्य की खोज में वे घर से निकले हैं, वह पूरी हुई। विनोबा कोरी

शांति की तलाश में ही घर से नहीं निकले थे। न वे देश के हालात और अंग्रेजों द्वारा किए जा रहे अमानवीय अत्याचारों से अपरिचित थे। मगर कोई राह मिल ही नहीं रही थी। उस भाषण को सुनकर विनोबा ने अनुभव किया कि जैसा मार्ग-दर्शक चाहते थे, मिल गया। उन्होंने गाँधीजी को पत्र लिखा और उनकी अनुमति से अहमदाबाद जाकर उनसे मिले। आश्रम का सरल और सादा जीवन उन्हें बहुत पसन्द आया। कुछ दिन वहाँ रहकर संस्कृत का अध्ययन करने के लिये गाँधीजी से एक वर्ष की छुट्टी लेकर पुनः काशी चले गये। अवधि पूरी होने पर लौट आए।

आश्रम में उन्होंने सारी प्रवृत्तियों में योग दिया, लेकिन उनका मुख्य कार्य कताई का था। वहाँ उन्होंने अनेक प्रयोग किए। 1932 के सत्याग्रह में वह जेल गए। धूलिया जेल में रहे। वहाँ उन्होंने गीता पर जो प्रवचन किए, उनकी चर्चा हम आगे करेंगे। जेल में, उनका ध्यान गाँव में रहकर देश-सेवा करने पर केन्द्रित हुआ। 1921 में वर्धा में सत्याग्रह आश्रम की स्थापना हुई थी और विनोबा वही आकर रहने लगे थे। 1 जनवरी, 1933 को उन्होंने गाँधीजी को पत्र लिखा, उसे पढ़कर आज भी आँखें गीली हो जाती है। उन्होंने लिखा–

"पूज्य बापूजी की पवित्र सेवा में,

नालवाड़ी वर्धा से डेढ़ मील दूर केवल हरिजनों की आबादी वाला गाँव है। 25 तारीख से हरि-स्मरण करके वहाँ रहने वाला हूँ। वर्धा के आश्रम को स्थापित हुए अब 12 वर्ष हो जाएँगें। एक सत्र समाप्त हुआ। अनुभव अच्छा मिला। कर्त्तापन की भावना चली गई। ईश्वर ही है, ऐसी प्रतीति हुई। इतने वर्ष में वर्षा में नहीं रहा, आपकी आज्ञा में रहा हूँ। इस दुनिया में आपके आर्शिवाद के बिना सब शून्य है। मैं कह सकता हूँ कि इन 12 वर्षों में व्रतों का पालन करने का मैंने सतत् प्रयत्न किया है, फिर भी अपने में बहुत अपूर्णताएँ पाता हूँ। ईश्वर के प्रति मेरी जितनी भक्ति है, उससे कहीं अधिक ईश्वर की कृपा मैंने अपने ऊपर देखी है।

मैं जानता हूँ कि आपके आर्शिवाद से तो मैं पूरी तरह ओतप्रोत हूँ, फिर भी उसी की योजना करने के लिये यह पत्र लिख रहा हूँ। अपने तुच्छ सेवक को सम्भाले रखिए। आपके महायज्ञ की आहुति बन जाने की पात्रता उसे ईश्वर से दिलवाइए।.....

विनोबा के दण्डवत प्रणाम"

गद्गद हृदय से गाँधीजी ने जो उत्तर दिया, वह भी उतना ही मर्मस्पर्शी था।

"चि. विनोबा,

तुम्हारी श्रद्धा और भक्ति आँखों में आँसू लाती है। मैं इसके योग्य होऊँ या न होऊँ, तुम्हें तो यह फलेगा ही। तुम बड़ी सेवा से निमित्त बनोगे।"

नालवाड़ी से विनोबा निकटवर्ती पवनार में चले गए और मृत्यु तक वहीं रहे। इस आश्रम में उन्होंने श्रम-निष्ठा का जो दृष्टान्त प्रस्तुत किया, वह अपूर्व है। आज भी उनके आश्रमवासी सादगी का जीवन व्यतीत करते हुए आध्यात्मिक साधना में लीन हैं।

गाँधीजी के उत्सर्ग के बाद विनोबा मैदान में आए। उसके पहले वह कीर्ति से कोसों दूर भागते थे। बाइकोम सत्याग्रह में वह पहली बार जेल गए थे, पर किसी का ध्यान उनकी ओर नहीं गया। जब व्यक्तिगत सत्याग्रह के लिये 1940 में बापू ने उन्हें प्रथम सत्याग्रही चुना तो लोग पूछते थे, यह विनोबा कौन है ? तब बापू को उनके विषय में एक लेख लिखना पड़ा था। कर्मक्षेत्र में पूरी उत्तर आने के बाद विनोबा का नाम चारों ओर फैल गया।

7 जून 1916 को विनोबा की गांधी से पहली भेंट हुई। उसके बाद तो विनोबा गांधी जी के ही होकर रह गए। गांधी जी ने भी विनोबा की प्रतिभा को पहचान लिया था। इसलिए पहली मुलाकात के बाद ही उनकी टिप्पणी थी कि अधिकांश लोग यहां से कुछ लेने के लिए आते हैं, यह पहला व्यक्ति है, जो कुछ देने के लिए आया है।' काफी दिन बाद अपनी पहली भेंट को याद करते हुए विनोबा ने कहा था–

जिन दिनों में काशी में था, मेरी पहली अभिलाषा हिमालय की कंदराओं में जाकर तप-साधना करने की थी। दूसरी अभिलाषा थी, बंगाल के क्रांतिकारियों से भेंट करने की। लेकिन इनमें से एक भी अभिलाषा पूरी न हो सकी। समय मुझे गांधी जी तक ले गया। वहां जाकर मैंने पाया कि उनके व्यक्तित्व में हिमालय जैसी शांति है तो बंगाल की क्रांति की धधक भी। मैंने छूटते ही स्वयं से कहा था, मेरी दोनों इच्छाएं पूरी हुईं।

गांधी और विनोबा की वह मुलाकात क्रांतिकारी थी। गांधी जी को जैसे ही पता चला कि विनोबा अपने माता-पिता को बिना बताए आए हैं, उन्होंने वहीं से विनोबा के पिता के नाम एक पत्र लिखा कि विनोबा उनके साथ सुरक्षित है। उसके बाद उनके संबंध लगातार प्रगाढ़ होते चले गए। विनोबा ने खुद को गांधी

जी के आश्रम के लिए समर्पित कर दिया। अध्ययन, अध्यापन, कताई, खेती के काम से लेकर सामुदायिक जीवन तक आश्रम की हर गतिविधि में वे आगे रहते। गांधी जी का यह कहना कि यह युवक आश्रमवासियों से कुछ लेने नहीं बल्कि देने आया है, सत्य होता जा रहा था। उम्र से एकदम युवा विनोबा उन्हें अनुशासन और कर्तव्यपरायणता का पाठ तो पढ़ा ही रहे थे। गांधी जी का प्रभाव तेजी से बढ़ रहा था। उतनी ही तेजी से बढ़ रही आश्रम में आने वाले कार्यकर्ताओं की संख्या। कोचरब आश्रम छोटा पड़ने लगा तो अहमदाबाद में साबरमती के किनारे नए आश्रम का काम तेजी से होने लगा। लेकिन आजादी के अहिंसक सैनिक तैयार करने का काम अकेले साबरमती आश्रम से भी संभव भी न था। गांधी वैसा ही आश्रम वर्धा में भी चाहते थे। वहां पर ऐसे अनुशासित कार्यकर्ता की आवश्यकता थी, जो आश्रम को गांधी जी के आदर्शों के अनुरूप चला सके। इसके लिए विनोबा सर्वथा अनुकूल पात्र थे और गांधी जी के विश्वसनीय भी। 8 अप्रैल 1923 को विनोबा वर्धा के लिए प्रस्थान कर गए। वहां उन्होंने 'महाराष्ट्र धर्म' मासिक का संपादन शुरू किया। मराठी में प्रकाशित होने वाली इस पत्रिका में विनोबा ने नियमित रूप से उपनिषदों और महाराष्ट्र के संतों पर लिखना आरंभ कर दिया, जिनके कारण देश में भक्ति आंदोलन की शुरुआत हुई थी। पत्रिका को अप्रत्याशित लोकप्रियता प्राप्त हुई, कुछ ही समय पश्चात उसको साप्ताहिक कर देना पड़ा विनोबा अभी तक गांधी जी के शिष्य और सत्याग्रही के रूप में जाने जाते थे। पत्रिका के माध्यम से जनता उनकी आध्यात्मिक पैठ को जानने लगी थी।

साहित्य सृजन

लगभग बीसियों भाषाओं के ज्ञाता विनोबा जी देवनागरी को विश्व लिपि के रूप में देखना चाहते थे। भारत के लिये वे देवनागरी को सम्पर्क लिपि के रूप में विकसित करने के पक्षधर थे। वे कहते थे कि मैं नहीं कहता कि नागरी ही चले, बल्कि मैं चाहता हूं कि नागरी भी चले। उनके ही विचारों से प्रेरणा लेकर नागरी लिपि संगम की स्थापना की गयी है जो भारत के अन्दर और भारत के बाहर देवनागरी को उपयोग और प्रसार करने के लिये कार्य करती है।

सच यह है कि विनोबा की प्रतिभा बहुमुखी थी। वह सन्त थे, ज्ञानी थे चिन्तक थे, विद्वान थे, लेखक थे, शिक्षा-शास्त्री थे, भाषाविद थे (वह अठारह

भाषाएँ जानते थे), गणितज्ञ थे। एक व्यक्ति के जीवन में इतनी विशेषताओं का समन्वय अत्यन्त आश्चर्यजनक है। वास्तव में वह एक विरल विभूति थे। अन्याय कार्यों के साथ उन्होंने विपुल साहित्य की रचना की। उसमें उसकी बहुचर्चित पुस्तक 'गीता-प्रवचन' है। जैसा कि हम ऊपर बता चुके है, धूलिया जेल में बन्दीस में विनोबा ने गीता पर प्रवचन दिए। यह उपक्रम 21 फरवरी, 1932 से प्रारम्भ हुआ और 19 जून, 1932 को पूर्ण हुआ। दो-ढाई सौ व्यक्ति प्रवचन सुनने के लिये जमा होते थे। साने गुरूजी उन प्रवचनों को लिखते रहे। बाद में उनका अनुवाद अन्य भाषाओं के साथ हिन्दी में भी हुआ। वस्तुतः 'गीता प्रवचन' उनकी अमर कृति है। गीता का उनके जीवन में क्या स्थान रहा है, इसका उल्लेख करते हुए विनोबा कहते हैं, ''गीता का और मेरा सम्बन्ध तर्क से परे है। मेरा शरीर माता के दूध पर जितना पला है उससे कहीं अधिक मेरा हृदय और बुद्धि, दोनों गीता माता के दूध से पोषित हुए हैं। जहाँ ऐसा समन्वय होता है, वहाँ तर्क की गुजाँइश नहीं रहती। तर्क को काटकर श्रद्धा और प्रयोग के दोनों पंखों से मैं गीता-गगन में उड़ान भरता रहा हूँ। मैं प्रायः गीता के ही वातावरण में रहता हूँ। गीता मेरा प्राण-तत्व ही समझिए। जब मैं गीता के सम्बन्ध में किसी से बात करता हूँ तो मानो गीता के गहरे समुद्र में गोता मार कर बैठ जाता हूँ.....गीता का मुझ पर अनन्त उपकार है।....'' इस पुस्तक के 18 भारतीय और 4 विदेशी भाषाओं में अनुवाद हुए हैं। विभिन्न भाषाओं में उनके लगभग 165 संस्करण हुए हैं और उसकी साढ़े पन्द्रह लाख से अधिक प्रतियाँ छप चुकी हैं।

गीता के कर्म, ज्ञान और भक्ति के सिद्धान्तों को बिनोवा ने लोक जीवन के साथ जोड़ा है और बताया है कि अपने दैनिक जीवन में हम उनसे किस प्रकार प्रेरणा ले सकते हैं।

जेल यात्रा

बापू के सानिध्य और निर्देशन में विनोबा के लिए ब्रिटिश जेल एक तीर्थधाम बन गई। सन् 1921 से लेकर 1942 तक अनेक बार जेल यात्राएं हुई। सन् 1922 में नागपुर का झंडा सत्याग्रह किया। ब्रिटिश हुकूमत ने सीआरपीसी की धारा 109 के तहत विनोबा को गिरफ्तार किया। इस धारा के तहत आवारा गुंडों को गिरफ्तार किया जाता है। नागपुर जेल में विनोबा को पत्थर तोड़ने का काम दिया गया। कुछ महीनों के पश्चात अकोला जेल

भेजा गया। विनोबा का तो मानो तपोयज्ञ प्रारम्भ हो गया। 1925 में हरिजन सत्याग्रह के दौरान जेल यात्रा हुई। 1930 में गाँधी की कयादत में राष्ट्रीय कांग्रेस ने नमक सत्याग्रह अंजाम दिया गया।

12 मार्च 1930 को गाँधीजी ने दांडी मार्च शुरू किया। विनोबा फिर से जेल पंहुच गए। इस बार उन्हें धुलिया जेल रखा गया। राजगोपालाचार्य जिन्हें राजाजी भी कहा जाता था, उन्होंने विनोबा के विषय में यंग इंडिया में लिखा था कि विनोबा को देखिए देवदूत जैसी पवित्रता है उसमें। आत्मविद्वता, तत्वज्ञान और धर्म के उच्च शिखरों पर विराजमान है वह। उसकी आत्मा ने इतनी विनम्रता ग्रहण कर ली है कि कोई ब्रिटिश अधिकारी यदि पहचानता नहीं तो उसे विनोबा की महानता का अंदाजा नहीं लगा सकता। जेल की किसी भी श्रेणी में उसे रख दिया जाए वह जेल में अपने साथियों के साथ कठोर श्रम करता रहता है। अनुमान भी नहीं होता कि यह मानव जेल में चुपचाप कितनी यातनाएं सहन कर रहा है। 11 अक्टूबर 1940 को गांधी द्वारा व्यक्तिगत सत्याग्रह के प्रथम सत्याग्रही के तौर पर विनोबा को चुना गया। प्रसिद्धि की चाहत से दूर विनोबा इस सत्याग्रह के कारण बेहद मशहूर हो गए। उनको गांव-गांव में युद्ध विरोधी तकरीरें करते हुए आगे बढ़ते चले जाना था। ब्रिटिश सरकार द्वारा 21 अक्टूबर को विनोबा को गिरफ्तार किया गया। सन् 1942 में 9 अगस्त को उन्हें गाँधी और कांग्रेस के अन्य बड़े नेताओं के साथ गिरफ्तार किया गया। इस बार उनको पहले नागपुर जेल में फिर वेलूर जेल में रखा गया।

भू-दान आन्दोलन

भू-दान आन्दोलन सन्त विनोबा भावे द्वारा सन् 1951 में आरम्भ किया गया एक स्वैच्छिक भूमि सुधार आन्दोलन था। विनोबा की कोशिश थी कि भूमि का पुनर्वितरण सिर्फ सरकारी कानूनों के जरिए नहीं हो, बल्कि एक आंदोलन के माध्यम से इसकी सफल कोशिश की जाए। 20वीं सदी के पचासवें दशक में भू-दान आंदोलन को सफल बनाने के लिए विनोबा ने गांधीवादी विचारों पर चलते हुए रचनात्मक कार्यों और ट्रस्टीशिप जैसे विचारों को प्रयोग में लाया। उन्होंने सर्वोदय समाज की स्थापना की। यह रचनात्मक कार्यकर्ताओं का अखिल भारतीय संघ था। इसका उद्देश्य अहिंसात्मक तरीके से देश में सामाजिक परिवर्तन लाना था।

वह 18 अप्रैल 1951 की तारीख थी, जब आचार्य विनोबा भावे को जमीन का पहला दान मिला था। उन्हें यह जमीन तेलंगाना क्षेत्र में स्थित पोचमपल्ली गांव में दान में मिली थी। यह विनोबा के उसी भू-दान आंदोलन की शुरुआत थी, जो अब इतिहास के पन्नों में दर्ज है या फिर पुराने लोगों की स्मृति में।

तब विनोबा पद-यात्राएं करते और गांव-गांव जाकर बड़े भूस्वामियों से अपनी जमीन का कम से कम छठा हिस्सा भू-दान के रूप में भूमिहीन किसानों के बीच बांटने के लिए अनुरोध करते थे। तब पांच करोड़ एकड़ जमीन दान में हासिल करने का लक्ष्य रखा गया था जो भारत में 30 करोड़ एकड़ जोतने लायक जमीन का छठा हिस्सा था। उस वक्त प्रजा सोशलिस्ट पार्टी (पीएसपी) के नेता जयप्रकाश नारायण भी 1953 में भू-दान आंदोलन में शामिल हो गए थे। आंदोलन के शुरुआती दिनों में विनोबा ने तेलंगाना क्षेत्र के करीब 200 गांवों की यात्रा की थी और उन्हें दान में 12,200 एकड़ भूमि मिली। इसके बाद आंदोलन उत्तर भारत में फैला। बिहार और उत्तर प्रदेश में इसका गहरा असर देखा गया था। मार्च 1956 तक दान के रूप में 40 लाख एकड़ से भी अधिक जमीन बतौर दान मिल चुकी थी, पर इसके बाद से ही आंदोलन का बल बिखरता गया।

1955 तक आते-आते आंदोलन ने एक नया रूप धारण किया। इसे 'ग्रामदान' के रूप में पहचाना गया। इसका अर्थ था 'सारी भूमि गोपाल की'। ग्रामदान वाले गांवों की सारी भूमि सामूहिक स्वामित्व की मानी गई, जिसपर सबों का बराबर का अधिकार था। इसकी शुरुआत उड़ीसा से हुई और इसे काफी सफलता मिली। 1960 तक देश में 4,500 से अधिक ग्रामदान गांव हो चुके थे। इनमें 1946 गांव उड़ीसा के थे, जबकि महाराष्ट्र दूसरे स्थान पर था। वहां 603 ग्रामदान गांव थे। कहा जाता है कि ग्रामदान वाले विचार उन्हीं स्थानों पर सफल हुए जहां वर्ग भेद उभरे नहीं थे। वह इलाका आदिवासियों का ही था।

पर बड़ी उम्मीदों के बावजूद साठ के दशक में भू-दान और ग्रामदान आंदोलन का बल कमजोर पड़ गया। लोगों की राय में इसकी रचनात्मक क्षमताओं का आम तौर पर उपयोग नहीं किया जा सका। दान में मिली 45 लाख एकड़ भूमि में से 1961 तक 8.72 लाख एकड़ जमीन गरीबों व भूमिहीनों के बीच बांटी जा सकी थी। कहा जाता है कि इसकी कई वजहें रहीं। मसलन-दान में मिली भूमि का अच्छा-खासा हिस्सा खेती के लायक नहीं था। काफी भूमि

मुकदमें में फंसी हुई थीं, आदि-आदि। कुल मिलाकर ये बातें अब भुला दी गई हैं। हालांकि, कभी-कभार मीडिया में भू-दान में मिली जमीन के बाबत खबरें आती रहती हैं। आचार्य विनोबा का भू-दान आंदोलन लोगों के जेहन में रह गया है। जानकारों की राय में आजादी के बाद यह उन पहली कोशिशों में से एक था, जहां रचनात्मक आंदोलन के माध्यम से भूमि सुधार की कोशिशें की गई थी। सो लोगों ने बड़ी कोशिशें की हैं, इस समाज को आगे लाने की। दुख है कि वह कोशिश राजनीतिक या फिर शासकीय मकड़ाजाल में फंसकर रह जाती है।

जीवन के अंतिम दिन

11 सितम्बर, 1981 को बिनोवा जी ने अपने जीवन के 87वें वर्ष में पदार्पण किया। अस्वस्थता के कारण उनका शरीर काफी क्षीण हो चुका था। कानों से तो वह बहुत समय से सुन नहीं पाते थे तथापि उनकी मानसिक चेतना उस समय भी यथापूर्व थी। 11 सितम्बर, 1982 को अपने जीवन के 87 वर्ष पूर्व करके विनोबा जी ने 88वें वर्ष में प्रवेश किया, इसके उपरान्त वह निरन्तर क्षीण होते गए।

नवंबर 1982 में विनोबा भावे अत्यधिक बीमार पड़ गए। विनोबा जी ने जब यह देख लिया कि वृद्धावस्था ने उन्हें आ घेरा है तो उन्होंने अन्न-जल त्याग दिया। जब आचार्य विनोबा जी ने अन्न और जल त्याग दिया तो उनके समर्थकों ने उनसे चौतन्यावस्था में बने रहने के लिये ऊर्जा के स्त्रोत की जानकारी चाही तो उन्होंने बताया कि वे वायु आकाश आदि से ऊर्जा ग्रहण करते हैं। आचार्य विनोबा ने कहा कि मृत्यु का दिवस विषाद का दिवस नहीं अपितु उत्सव का दिवस है इसलिये उन्होंने अपनी मृत्यु के लिये दीपावली का दिवस 15 नवम्बर को निर्वाण दिवस के रूप में चुना। इस प्रकार अन्न जल त्यागने के कारण एक सप्ताह के अन्दर ही 15 नवम्बर 1982, वर्धा, महाराष्ट्र में उन्होंने अपने प्राण त्याग दिये। विनोबा जी के शरीर त्यागने के उपरांत पवनार आश्रम के सभी बहनों ने उन्हे संयुक्त रूप से मुखाग्नि दी। इतिहास में इस तरह की मृत्यु के उदाहरण गिने चुने ही मिलते हैं। इस प्रकार मरने की क्रिया को प्रायोपवेश कहते हैं। विनोबा भावे अपने जीवन में अहिंसा और त्याग को बहुत ज्यादा महत्व देते थे। गांधी जी को अपना मार्गदर्शक समझने वाले विनोबा भावे ने समाज में जन-जागृति लाने के लिए कई महत्वपूर्ण और सफल प्रयास किए। उनके सम्मान

में उनके निधन के पश्चात हजारीबाग विश्वविद्यालय का नाम विनोबा भावे विश्वविद्यालय रखा गया।

विनोबा अपने जीवनकाल में महान् रहे और मृत्यु के समय भी 'महान्' बने रहे। उनके जीवन, कृतित्व और सन्देश हम भारतवासियों को युगों तक अनुप्रेरित करते रहेंगे। गाँधीजी की मृत्यु के बाद विनोबा ने गाँधीवादी भावना से ओत-प्रोत रहे। गाँधी के 'सर्वोदय समाज' की स्थापना उनके जीवन का लक्ष्य बना रहा। उनके भू-दान आन्दोलन का लक्ष्य केवल भूमि का वितरण करना मात्र नहीं था अपितु उसका अन्तिम लक्ष्य तो 'सर्वोदय समाज' की स्थापना करना था। इस सर्वोदय में सम्पूर्ण मानव जाति के कल्याण की कामना निहित थी। ग्रामदान, सम्पत्ति-दान, जीवनदान आदि भू-दान आन्दोलन के ही अंग हैं जिनके माध्यम से विनोबा भारत में शान्तिपूर्ण क्रान्ति लाने का प्रयत्नशील थे। सफलता और असफलता तो ईश्वराधीन है पर इसमें तनिक भी संशय नहीं कि यह महान् कर्मी विश्व-इतिहास में सदैव अमर रहेगा।

2

विनोबा का भारतीय राजनीति में योगदान

महात्मा गांधी के वैचारिक और आध्यात्मिक उत्तराधिकारी विनोबा भावे देश के सिर्फ प्रखर विचारक ही नहीं थे बल्कि विशेषज्ञों के अनुसार उन्होंने अपने जीवनकाल में भू-दान और दस्यु उन्मूलन जैसे तमाम आंदोलन चलाकर दिखा दिया था कि उनके विचार जमीनी सच्चाइयों पर टिके हैं। गांधी शांति प्रतिष्ठान के मानद सचिव और सर्वोदयी विचारक सुरेंद्र कुमार ने कहा–विनोबा भावे ने महात्मा गांधी की विचारधारा और आध्यात्मिकता को बढ़ाने की जिम्मेदारी का पूरी तरह से निर्वहन किया था। भू-दान आंदोलन के रूप में आजादी के बाद का सबसे बड़ा अहिंसक आंदोलन खड़ा करने का मुद्दा उनमें ही था। उन्होंने कहा–उनके विचारों की प्रासंगिकता आज भी बनी हुई। देश में हिंसा का वातावरण है। अहिंसक तथा न्यायपूर्ण समाज की हमें जरूरत है। ऐसे में गांधी के साथ ही भावे के विचार आदर्श विकल्प की तरह हैं। भावे की विचारधारा पर कभी समय की धूल नहीं जम सकती। कुमार ने कहा कि ऐसा नहीं कहा जा सकता कि सारी युवा पीढ़ी विनोबा जी के विचारों से अवगत है। ऐसे में भावे के विचारों को युवाओं तक पहुंचाने की जिम्मेदारी गांधीवादी और सर्वोदयी कार्यकर्ताओं की है।

मुंबई स्थित महाराष्ट्र सर्वोदय मंडल के वरिष्ठ सर्वोदयी नेता सोमैया टीआर ने बातचीत में कहा कि जब तेलगांना में नक्सली समस्या थी तब विनोबा भावे ने वहां के जमींदारों से बात कर उन्हें भू-दान के लिए प्रेरित किया और इस तरह स्वतंत्र भारत का अब तक का सबसे बड़ा अहिंसक आंदोलन खड़ा हुआ। उन्होंने कहा–नक्सली आंदोलन अब हिंसक हो गया है। ऐसे में देश में

विनोबा जी जैसे विचारक की जरूरत महसूस होती है जो अहिंसा के संदेश और समाज में अपने आह्वान के साथ आम सहमति विकसित कर समस्याओं का समाधान निकाल सके। सोमैया ने बताया कि विनोबाजी का मानना था कि हो सकता है कि आने वाली पीढ़ियां उनके विचार भुला दें लेकिन गीता का सार कुछ ऐसा है कि इस पर लिखीं उनकी पुस्तकों को हमेशा याद रखा जायेगा। उन्होंने कहा कि अच्छी बात यह है कि युवाओं को उनके विचारों से अवगत कराने का काम जारी है।

11 सितंबर 1895 में जन्मे विनोबा महात्मा गांधी के संपर्क में सबसे पहले वर्ष 1916 में आए थे। स्वतंत्रता संघर्ष के दौरान वह पहली बार 1932 में जेल गये। अंग्रेजों के खिलाफ चले आंदोलन के लिए गांधी ने उन्हें पहला सत्याग्रही चुना। विनोबा भावे के जीवनकाल में सबसे ज्यादा चर्चित उनके नेतृत्व में चला भू-दान आंदोलन रहा। वर्ष 1951 में उन्होंने सामुदायिक संघर्ष से ग्रस्त आंध्र प्रदेश के तेलंगाना की यात्रा की और यहां से अहिंसक आंदोलन का एक नया द्वार खुल गया। उन्होंने वहां किसानों से मुलाकात की जो जीवनयापन के लिए 80 एकड़ की मांग कर रहे थे। भावे ने ग्रामीणों से समाधान के बारे में विचार-विमर्श किया। एक जमींदार रामचंद्र रेड्डी आगे आए और 100 एकड़ भूमि दान करने की इच्छा जताई। यहीं से भू-दान आंदोलन की नींव पड़ी। जब आंदोलन चरम पर पहुंचा तब देशभर में प्रतिदिन 200 एकड़ तक जमीन दान होने लगी। जब तक यह आंदोलन चला कुल 23 लाख एकड़ जमीन संपन्न लोग निर्धनों को दान में दे चुके थे। यह भावे के व्यक्तित्व का ही प्रभाव था कि मई 1960 में चंबल यात्रा के दौरान कई डकैतों ने उनके समक्ष समर्पण कर दिया। पूर्व प्रधानमंत्री इंदिरा गांधी के शासन के दौरान लगाए गए आपातकाल को लेकर भी उनके विचार कुछ अलग थे और उन्होंने इसे अनुशासन पर्व करार दिया था।

सर्वोदय

स्वाधीनता संग्राम को तेज करने के लिए ढेर सारे सत्याग्रही आंदोलनकारियों की आवश्यकता थी। ब्रिटिश साम्राज्यवाद के विरुद्ध उस संघर्ष में सफलता जनता के सहयोग और लोगों द्वारा कंधे से कंधा मिलाकर समर में उतरे बिना असंभव थी। मगर स्वाधीनता के लिए एकजुट होना, कंधे से कंधा मिलाकर

संघर्ष के लिए आगे आना तब तक असंभव था, जब तक लोगों के मन में जाति-पांत की भावना और धार्मिक संकीर्णता हो। जातिगत ऊंच-नीच की भावना शताब्दियों से इस देश को कमजोर करती आ रही थी। वर्गीय स्तरीकरण के आधार पर जन्मना श्रेष्ठता का दावा करते हुए समाज के मुट्ठी-भर लोग, पीढ़ी दर पीढ़ी संसाधनों पर कुंडली मारे बैठे रहते थे। वर्ण-व्यवस्था के समर्थक हालांकि यही कहते आए थे कि यह एक खुली व्यवस्था थी। वह जन्मना न होकर कर्मणा थी। कोई भी व्यक्ति अपने गुण और योग्यता के आधार पर एक वर्ग से दूसरे वर्ग में अंतरण कर सकता है। ब्राह्मण होने के लिए 'फलां-फलां' शर्त है। अपने तर्क के समर्थन में उनके पास चंद उदाहरण भी होते थे–'गिने-चुने' और गढ़े गए उदाहरण। वे ऐसा एक भी उदाहरण देने में असमर्थ रहते थे, जिनमें किसी ब्राह्मण ने अपने मूर्ख और स्वार्थी बेटे को ब्राह्मणत्व से अपदस्थ किया हो। यही जाति सम्मोहन चार पन्नो की पोथी रटने वाले को विद्वान शिरोमणि ब्राह्मण देवता की उपाधि देता गया। जाति और वर्ण के नाम पर शीर्षस्थ वर्ग शताब्दियों से जनसाधारण का शोषण-उत्पीड़न करता रहा। इस कारण समाज के उत्पीड़ित वर्ग में गहरा असंतोष व्याप्त था।

अंग्रेजी शिक्षा और समाज में ज्योतिबा फुले के समय से चले आ रहे अस्मितावादी आंदोलनों ने इस असंतोष को और भी हवा दी थी। सामंत और राजे-महाराजे तो श्रमहीन हो ही चुके थे। गांधी के नेतृत्व में आंदोलनरत कांग्रेस के कार्यक्रमों में उनका योगदान यूं भी नगण्य ही था। कांग्रेस के सिपाही जनसाधारण थे। उभरते जनांदोलन को कमजोर करने के लिए अंग्रेजों के पास एक ही रास्ता था, लोगों को जाति, धर्म, संप्रदाय आदि पर आधारित ऊंच-नीच की भावना का शिकार बनाया जाए। भारतीय समाज की फूट का लाभ उठाकर अंग्रेज सत्ता सुंदरी को येन-केन-प्रकारेण अपने पार्श्व में बनाए रखना चाहते थे। लगभग पौने दो सौ वर्षों से उन्होंने इसी नीति से देश पर राज किया था। उनका हाथ समाज के अंत्यजों और अल्पसंख्यकों, विशेषकर मुसलमानों पर था, जिनके पूर्वजों ने इस देश पर शताब्दियों तक राज किया था और उनमें से अधिकांश अब भी स्वयं को दिल्ली की गद्दी का वास्तविक उत्तराधिकारी समझते थे। अनेक हिंदू और मुस्लिम नेता स्वार्थवश उनके साथ थे। दोनों ही एक-दूसरे को ढकेलकर केंद्रीय सत्ता का निकटतम स्थान प्राप्त करना चाहते थे। ऐसे में स्वाधीनता संग्राम का संचालन कर रहे गांधी तथा समर्थकों के आगे बड़ी चुनौती थी, समाज को एक रखना। जनशक्ति को बंटने से रोकना तथा जनता की ताकत का उपयोग

अपने आंदोलन को बढ़ावा देने के लिए करना। अंग्रेज समाज को जातीय आधार पर बांट न पाएं, इसलिए समाज को जातीय आधार पर एक रखने की जरूरत थी। इसके लिए आवश्यक था कि सभी देवालय समाज के प्रत्येक व्यक्ति के लिए समानरूप से खुले हों। लोगों में आपसी भाईचारा और धार्मिक-सामाजिक एकजुटता हो। जातिवादी आग्रहों की खाईं को पाटकर पूरे समाज को एक राष्ट्र की आत्मा के साथ एकीकृत करना, उनका लक्ष्या था।

दक्षिण भारत के कई मंदिरों में हरिजनों के प्रवेश की मनाही थी। गांधी जी पहले ही कह चुके थे कि अस्पृश्यता हिंदू समाज के माथे पर एक बहुत बड़ा कलंक है। उनके इसी वक्तव्य को मंत्र मानते हुए विनोबा ने हिंदू समाज में व्याप्त अस्पृश्यता और जात-पांति के विरुद्ध कई लेख अपनी पत्रिका में लिखे थे। विनोबा की निष्ठा और समर्पण भाव को देखते हुए 1925 में गांधी जी ने उन्हें केरल के वाइकोन नामक स्थान पर एक आंदोलन का नेतृत्व करने का दायित्व सौंपा। आंदोलन हरिजनों की अस्मिता और उनके मंदिर-प्रवेश के अधिकार को लेकर था। विनोबा ने उस आंदोलन का सफलतापूर्वक नेतृत्व कर गांधी जी के भरोसे को पूरा किया। 1932 में ब्रिटिश सरकार के विरुद्ध आवाज उठाने के लिए सरकार बिनोवा से फिर नाराज हो गई। उन्हें छह महीने की सजा सुनाई गई। धुलिया जेल में सजा काटते हुए विनोबा ने अपने रचनात्मक कार्यक्रमों पर निरंतर काम करते रहे। लगातार परिश्रम और जेल के प्रतिकूल वातावरण का प्रभाव विनोबा की सेहत पर पड़ा था। वे दिनोंदिन कमजोर होते जा रहे थे। 1938 में उन्हें गंभीर बीमारी ने आ घेरा, तब गांधी जी ने उन्हें कुछ दिन आराम करने की सलाह दी।

'ठीक है, बापू' आपकी आज्ञा है तो मैं आराम अवश्य करूंगा।' विनोबा ने आश्वासन दिया।

पवनार में जमनालाल बजाज का बंगला खाली पड़ा हुआ था। गांधी जी स्वयं चाहते थे कि वर्धा में भी साबरमती जैसा आश्रम स्थापित किया जाए, ताकि स्वाधीनता आंदोलन को गतिमान बनाया जा सके। वर्धा की जलवायु भी अनुकूल थी। गांधी जी का आग्रह विनोबा के लिए आदेश ही था। उन्होंने वर्धा जाने की सहमति दे दी। एक दिन गांधी जी से अनुमति ले उन्होंने पवनार के लिए प्रस्थान कर दिया। आगे चलकर वही उनकी गतिविधियों का प्रमुख केंद्र बना। वहीं रहते हुए उन्होंने अनेक सत्याग्रह आंदोलनों का नेतृत्व किया। वहीं से राजनीतिक आंदोलनों में सक्रिय भागीदारी की।

इधर देश में राजनीतिक गतिविधियां तेज होती जा रही थीं। अंतर्राष्ट्रीय स्तर पर भी माहौल गर्मा रहा था। इसी बीच दूसरा विश्वयुद्ध छिड़ने से मामला और भी बिगड़ गया। गांधी जी को भरोसा था कि दूसरे विश्वयुद्ध के पश्चात अंग्रेज भारत को अधिक स्वायत्तता सौंप देंगे, इसलिए उन्होंने युद्ध में औपनिवेशिक सरकार का साथ देने का निर्णय लिया था। अंग्रेजों के पक्ष में हजारों भारतीय सैनिकों ने उस युद्ध में हिस्सा लिया। विजय मित्र देशों की हुई। मगर गांधीजी का आकलन गलत निकला। अंग्रेज इतनी आसानी से हिंदुस्तान छोड़ने वाले न थे। उधर लगातार संघर्ष के पश्चात भारतीय जनता में स्वाधीनता की चाहत बढ़ चुकी थी। उसकी उपेक्षा कर पाना गांधी जी और कांग्रेस के लिए भी संभव न था। अतएव अंग्रेज सरकार के विरुद्ध व्यापक स्तर पर जनांदोलन छेड़ने की आवश्यकता अनुभव की जाने लगी थी। आजादी की मुहिम को और तेज करते हुए गांधी जी ने 'करो या मरो' का नारा दिया और अंग्रेजों के विरुद्ध निर्णायक संघर्ष छेड़ने की घोषणा कर दी।

आजादी की यह लड़ाई अहिंसक तरीके से लड़ी जाने वाली थी। गांधी जी उसके माध्यम से एक ऐसा संदेश दुनिया को देना चाहते थे कि भारत अपनी स्वाधीनता के प्रति प्रतिबद्ध है। अंग्रेजों की धारणा के उलट वह एक-राष्ट्र है। सांस्कृतिक एकता और इच्छाशक्ति पूरे भारत को आपस में जोड़ती है। संगठित जनशक्ति की इच्छा का अब और दमन असंभव है। यदि ऐसा हुआ तो पूरा देश अंग्रेजों के विरुद्ध उठ खड़ा हो सकता है। मगर जनसाधारण को आजादी की लड़ाई में उतार पाना तभी संभव था जब उन्हें यह संदेश जाए कि गुलामी उनकी अस्मिता और सम्मान के लिए खतरा है और वे उनकी एकजुटता ही उन्हें इसके पार ले जा सकती है।

जनता और सरकार दोनों को सही संदेह जाए, इसके लिए आंदोलन का जोरदार शुभारंभ महत्त्वपूर्ण था। उसके लिए ऐसे व्यक्ति की आवश्यकता थी जिसकी गांधी जी के नैतिक सिद्धांतों में न केवल पूरी आस्था हो, बल्कि उसका अपना प्रभामंडल भी कम दीप्यमान न हो। जनता का उसपर अटूट विश्वास हो। इसके लिए गांधी जी के दिमाग में सिर्फ एक व्यक्ति का नाम था, वे थे विनोबा भावे, जिन्हें लोग प्यार से बाद में आचार्य विनोबा भावे कहने लगे थे। गांधी जी की अनुशंसा पर विनोबा को 1940 में प्रथम सत्याग्रही चुना गया। उस समय तक बहुत से लोगों नहीं जानते थे कि विनोबा नामक यह शख्स कौन-सा है, जिसपर गांधी जी ने इतना बड़ा भरोसा किया है। लोग प्रथम सत्याग्रही के बारे

में जानने को उत्सुक थे। लोगों की जिज्ञासा शांत करने के लिए स्वयं गांधी जी ने विनोबा का परिचय कराते हुए लिखा कि 'विनोबा भारतीय स्वाधीनता में विश्वास करते हैं। वे इतिहास के विद्धान हैं। लेकिन उनका मानना है कि भारत के गांवों की वास्तविक आजादी बिना रचनात्मक कार्यक्रमों के असंभव है और यह रचनात्मक कार्यक्रम खादी है।'

प्रथम सत्याग्रही चुने जाने और गांधी द्वारा परिचय कराए जाने के बाद विनोबा की ख्याति पूरे देश में फैल गई। विनोबा भी ने बापू के विश्वास की रक्षा की। अंग्रेज सरकार के विरुद्ध सत्याग्रह आंदोलन का शुभारंभ उन्होंने नागपुर से किया। आंदोलन पूरी तरह कामयाब रहा। देश गांधी की भांति विनोबा पर भी भरोसा करने लगा। उसके बाद तो एक के बाद एक कई सत्याग्रह आंदोलनों में हिस्सा लेते हुए विनोबा को 1940 से 1941 के बीच तीन बार जेल जाना पड़ा। पहली बार तीन महीने के लिए, दूसरी बार छह महीने और तीसरी बार एक वर्ष के लिए। 1942 में गांधी जी ने भारत छोड़ो आंदोलन का आह्वान किया तो अहिंसा के प्रशिक्षित सैनिक की तरह विनोबा भावे फिर उस आंदोलन में कूद पड़े। तब तक अंग्रेज सरकार उनके पीछे पड़ चुकी थी। परिणाम यह हुआ कि वे पकड़ लिए गए। इस बार उन्हें तीन वर्ष तक वैलूर और सियोनी जेलों में रखा गया। हमेशा की तरह इस बार भी कारावास की अवधि का उपयोग उन्होंने अध्ययन और लेखन के लिए किया। गीता के अनुवाद-कर्म को आरंभ किए वर्षों बीत चुके थे। अंततः वैलूर जेल में सजा काटते हुए वह अवसर आया जब विनोबा ने 'गीताई' को अंतिम रूप दिया। विनोबा का यह जेल प्रवास अनेक रचनात्मक उपलब्धियों से भरा हुआ था।

वैलूर जेल में देश के विभिन्न प्रांतों से आए हुए कैदी थे। आपस में संवाद के लिए वे प्रायः अंग्रेजी का प्रयोग करते। विनोबा को यह बहुत बुरा लगता। जिन अंग्रेजों से वे स्वाधीनता के लिए संघर्ष कर रहे हैं, आपसी संवाद के लिए उनकी भाषा पर निर्भरता क्यों हो! लोगों को यह संदेश देने के लिए कि वे एक-दूसरे की भाषाएं सीखें, उन्होंने जेल प्रवास के दौरान तमिल, तेलुगू, कन्नड और मलयालम भाषाएं सीखीं। उनके अध्ययन-पाठन को आसान बनाने के लिए उन्होंने 'लोकनागरी लिपि' का आविष्कार भी किया, जिसमें वे चारों भाषाएं सफलतापूर्वक लिखी जा सकती हैं। उर्दू वे सेवाग्राम में रहते हुए न केवल सीख चुके थे, बल्कि प्रवीणता भी प्राप्त कर चुके थे। विनोबा की उर्दू प्रवीणता को दर्शाने वाली एक दिलचस्प घटना है।

सेवाग्राम में, गांधी जी की सेवा का व्रत लेकर एक मुस्लिम युवक भर्ती हुआ। आश्रम की नीति सर्व-धर्म समभाव की थी। उसके अनुसार मुस्लिम किशोर को अरबी भाषा सिखाना जरूरी था। लेकिन संयोग से वहां ऐसा कोई व्यक्ति न था जो अरबी के अध्यापन की जिम्मेदारी संभाल सके। इस समस्या के निदान के लिए विनोबा ने अरबी सीखना आरंभ कर दिया। कुरआन शरीफ की आयतों के सही उच्चारण के लिए वे नियमित रूप से उनका रेडियो प्रसारण सुनते। एक दिन उनके ज्ञान की परीक्षा की घड़ी भी आ गई। आश्रम में मौलाना अबुल कलाम आजाद आए हुए थे। वे अरबी-फारसी के विद्वान थे। गांधी जी ने उनसे विनोबा के अरबी भाषा के ज्ञान की परीक्षा लेने को कहा। परीक्षा के उपरांत मौलाना आजाद ने गांधी जी से कहा

'बापू, आपका विनोबा तो हाफिज हो गया है।'

अरबी भाषा में में 'हाफिज' होना धर्म की परीक्षा में प्रवीणता प्राप्त कर लेना है। विनोबा द्वारा धर्म, दर्शन पर लिखी गई पुस्तकें अनेक भाषाओं में प्रकाशित हुईं और उन्हें एक आध्यात्मिक संत की पहचान मिलने लगी। देश-भर में अंग्रेज विरोध की लहर बढ़ती ही जा रही थी। गांधी के नेतृत्व में उनकी पूरी अहिंसक सेना आंदोलन में हिस्सा ले रही थी। विनोबा भी उसमें सम्मिलित थे, गांधी द्वारा सौंपे गए दायित्वों को सफलतापूर्वक पूरा करते हुए, साथ में बढ़ रही थी, उनकी ख्याति। अहिंसा और सत्याग्रह के प्रति उनकी निष्ठा। यदि किसी देश की प्रजा समझ जाए कि वह गुलाम है और ठान ले कि आजाद होना है, तो फिर उसकी स्वाधीनता को लंबे समय तक टाला नहीं जाता। जागरूक जनता अपनी आजादी, अपने अधिकार किसी न किसी रूप में छीन ही लेती है। भारतवर्ष में भी यही हुआ।

अगस्त 1947 को देश स्वाधीन हुआ। आजादी के बाद देश के पुनः निर्माण की आवश्यकता थी। अब अलग चुनौतियां थीं। पहले से अलग और कई मायने में उनसे बड़ी भी। बिखरे हुए को समेटते हुए देश की ऊर्जा को रचनात्मक मोड़ देना था। इस बारे में गांधी जी की सोच पूरी तरह साफ थी। उन्होंने पहले ही कह दिया था कि कांग्रेस और उनके कार्यकर्ताओं का काम आजादी मिलने मात्र से पूरा नहीं होगा। नई भूमिका के लिए वे चाहते थे कि आजादी के बाद कांग्रेस भंग कर दी जाए तथा उसके कार्यकर्ता गांव-गांव जाकर रचनात्मक कार्यक्रमों का संचालन करें। वे गांवों को आत्म-निर्भर देखना चाहते थे। गांधी जी के सपने को ही अपना दायित्व मानते हुए विनोबा

ने कई रचनात्मक कार्यक्रमों की शुरुआत की। उन्होंने बैलों की सहायता के बिना खेती का प्रारूप देश के सामने रखा। जाते-जाते अंग्रेज इस देश को बांटकर गए थे। आजादी के बाद देश में दंगे भड़क उठे, लोग भारत-पाकिस्तान में बंटने लगे। समस्या थी पाकिस्तान से आए शरणार्थियों को बसाने की। विनोबा इसमें भी जी जान से जुटे रहे। भारत-पाकिस्तान विभाजन के दौरान हुए दंगों के बाद शांति-स्थापना के कार्य में भी उन्होंने बढ़-चढ़कर योगदान किया।

आजादी के बाद देश को जवाहरलाल नेहरू जैसा कल्पनाशील प्रधानमंत्री मिला था। स्वाधीनता संग्राम के दौरान जवाहरलाल ने गांधीजी का स्नेह और विश्वास प्राप्त करने में सर्वाधिक सफल सिद्ध हुए थे। वे विद्वान प्रधानमंत्री थे, लेकिन उनके निर्णयों में प्रशासनिक ढुलमुलपन था, साथ में कूटनीतिक चातुर्य की कमी भी दूसरे उनके इर्द-गिर्द एक चमचा-मंडली जन्म ले चुकी थी। यह सब गांधी जी की पैनी निगाह से छिपा न था। उन्हें लग रहा था कि प्रशासनिक व्यवस्था में आजादी के बाद जो जिन आमूल परिवर्तनों की आवश्यकता थी, वे नहीं हो पा रहे हैं। वे उसमें बदलाव चाहते थे। इसके लिए विनोबा की भूमिका अवश्य उनके मन में रही होगी लेकिन कोढ़ में खाज यह कि 30 जनवरी 1948 को एक सिरफिरे ने महात्मा गांधी की हत्या कर दी। विनोबा सकते में रह गए। अहिंसा के पुजारी की गोली मारकर हत्या। उन्हें लगा कि उनसे इस देश के मानस को पहचानने में चूक हुई है।

महात्मा गांधी की हत्या के पश्चात उनके देश-भर में फैले गांधीवादी कार्यकर्ताओं को नेतृत्व की तलाश थी। विनोबा गांधी के स्वाभाविक उत्तराधिकारी थे। गांधी स्वयं यह कह चुके थे कि विनोबा ने उनके विचारों को उनसे भी अधिक गहराई से समझा है। इसका प्रमाण भी था। विनोबा की गांधीवाद संबंधी अवधारणाएं अपेक्षाकृत स्पष्ट थीं। इसलिए उनके समक्ष नेतृत्व का प्रस्ताव आया। मगर विनोबा नेतृत्व के लिए तैयार न थे। महात्मा गांधी की हत्या से वे बुरी तरह टूट चुके थे। बार-बार उन्हें वह दिन याद आ रहा था, जब उन्होंने परमसत्य को पाने की चाहत में घर छोड़ा था। मुंबई जाने के लिए घर से निकले थे, मगर जा पहुंचे थे काशी, वहीं गांधी जी को पहली बार सुना था। उन्हीं से प्रभावित होकर वे स्वाधीनता आंदोलन में उतरे थे। अब आजादी का लक्ष्य पूरा हो चुका था। विनोबा को लग रहा था कि अपनी पुरानी खोज को, सत्य की खोज को नए सिरे से आरंभ करने का समय आ चुका है। इसलिए वे दिनोंदिन

आत्मोन्मुखी होते जा रहे थे। उनका मन अध्यात्म और आश्रम की दिनचर्या में रमता। दिमाग निरंतर भविष्य के कार्यक्रम बनाता रहता।

उधर नेतृत्व की आस लेकर आए कार्यकर्ताओं को तसल्ली भी देनी ही थी। सो उनसे विनोबा ने वही कहा, जो गांधी जी चाहते थे। आजादी के लाभ को जन-जन तक पहुंचाना। प्रत्येक नागरिक को यह एहसास दिलाना कि वह आजाद है। स्वतंत्रता भी केवल राजनीतिक सीमाओं में कैद नहीं है। राजनीति के साथ-साथ उसमें आर्थिक और सामाजिक आजादी के सभी मूल्य अंतर्निहित हैं। इसलिए मार्गदर्शन की उम्मीद लेकर आए कार्यकर्ताओं से विनोबा ने कहा कि वे अविलंब लोककल्याण के कार्यों में जुट जाएं। 'भारत स्वराज प्राप्त कर चुका है। अब एक ही लक्ष्य बाकी है, जन-जन का कल्याण, स्वाधीनता का लाभ देश के प्रत्येक नागरिक, अमीर-गरीब और हर छोटे-बड़े तक पहुंचाना।

सभी का कल्याण यानी 'सर्वोदय' यह नया मंत्र था। विनोबा का सुझाव सबको पसंद आया। कार्यकर्ताओं को विनोबा के रूप में एक और गांधी मिल गया। सर्वोदय के संकल्प को साधने के लिए 'सर्व-सेवा-संघ' नामक संगठन की स्थापना की गई। गांधी जी के सपनों को कार्यरूप देने के लिए जितने भी कार्यकर्ता और संगठन उन दिनों देशभर में कार्यरत थे, उन सबका 'सर्व-सेवा-संघ' के अंतर्गत विलय कर दिया गया। सर्वोदय को गांधीजी के सपनों की अभिव्यक्ति मान लिया गया। विनोबा ही गांधीजी के सच्चे उत्तराधिकारी हैं, यह एक बार फिर सिद्ध हुआ। लोगों द्वारा यह स्वीकार भी लिया गया। विनोबा व्यक्तिगत मान-प्रतिष्ठा से हमेशा ही ऊपर थे। देश के पुनर्निर्माण में उनका वास्तविक अवदान अब भी बाकी था। नियति उन्हें उसी ओर लिए जा रही थी।

मार्च 1948 में गांधी जी के रचनात्मक कार्यक्रमों को आगे बढ़ाने के लिए उनके अनुयायियों ने सेवाग्राम में एक सम्मेलन की योजना बनाई। विनोबा ने उसमें आत्म-निर्भर गांव की एक छवि प्रस्तुत की। सम्मेलन के दौरान सर्वोदय समाज की योजनाओं को सर्व-सम्मिति से स्वीकार लिया गया। परिणामस्वरूप उनकी व्यस्तता और भी बढ़ गई। रचनात्मक कार्यों को अंजाम देने के लिए संसाधनों की आवश्यकता थी। देश के अधिकांश लोग गरीब थे, उनसे उम्मीद रखना उचित न था। इसलिए विनोबा ने देश के संपन्न लोगों से अपील की कि वे लोक कल्याण के लिए अपने सारे मतभेद भुलाकर आगे आए। स्त्रियों से प्रार्थना की कि वे लोक कल्याण के लिए अपने रत्नाभूषणों का दान कर दें। अपील पर गांधीजी का असर था।

विनोबा की हृदयग्राही अपील का व्यापक असर हुआ। सर्वोदय कार्यक्रम चल निकला। इसके बावजूद विनोबा को लग रहा था कि आजादी के बाद से देश के पुनःनिर्माण के कार्यों को जितनी तेजी से चलाया जाना चाहिए था, उनकी तेजी से वे नहीं चला पा रहे हैं। परिणास्वरूप आजादी का जो लाभ जनता को मिलना चाहिए था, जो सपने उसको आजादी के आंदोलन के दौरान दिखाए गए थे, वे दूर छिटकते जा रहे हैं। गांधी जी की नीतियां और उनके विचार जो अंग्रेजों के विरुद्ध जंग में हथियार बने थे, सरकार उनकी उपेक्षा करती जा रही है। ऐसे में उनका उदास होना स्वाभाविक था। उनके मन में हलचल थी। पवनार आश्रम की रचनात्मक गतिविधियों के नेतृत्व के साथ-साथ उस हलचल के पार जाने की कोशिशें भी निरंतर जारी थीं। वे भविष्य के आंदोलन की रूपरेखा गढ़ने की कोशिश कर रहे थे कि एक परिवर्तनकारी अवसर एकाएक सामने आ गया, उससे वह क्रांति संभव हो सकी, जिसके लिए दूसरे देशों में हिंसा और सैन्य बल का सहारा लेना पड़ा था। भारत में यह क्रांति पूरी तरह अहिंसक और जनसहयोग से संपन्न हुई थी, इसलिए भारत एक बार फिर दूसरों के लिए मिसाल बन गया।

भारतीय राजनीति को देन

विनोबा जी यानी मुट्ठी भर हड्डियों का एक महामानव, रामराज्य के सपने को साकार करने का इच्छुक वशिष्ट तुल्य महर्षि, विश्व को ममता-मानवता-मैत्री का सन्देश देने वाला शान्तिदूत था। भारतीय संस्कृति के प्रतीक की हैसियत से हमारी आध्यात्मिक परम्परा को जीवित रखने में तो उनका योगदान अपूर्व था ही, परन्तु राजनीतिक चिन्तन में भी उनकी देन उतनी ही महत्त्वपूर्ण थी।

विनोबा जी का उद्देश्य था—शासनविहीन और शोषणविहीन समाज की स्थापना करना। वे मानते थे कि आदर्श राज्य में न कोई शासन होगा न शासित, न कोई शोषक होगा न शोषित। उनमें सम्प्रभुता राज्य या राजा की नहीं, बल्कि जनता की या कहिए कि व्यक्ति की अपनी होगी। ऐसे राज्य का आधार दण्ड नहीं अपितु स्व-शासन एवं स्व-नियन्त्रण ही होगा। गाँधीजी की तरह विनोबाजी ने भी राज्य को दण्ड और हिंसा का प्रतीक माना और उसका विरोध किया।

राज्य के पक्ष में एक दलील यह दी जाती है कि आधुनिक राज्य पुराने राज्यों की तरह पुलिस-राज्य नहीं होता अपितु बहुजन हिताय-बहुजन सुखाय

काम करने वाला कल्याण-राज्य होता है, इसलिए उसका स्वागत होना चाहिए। इसके उत्तर में विनोबा जी कहते थे, "कल्याण-राज्य के नाम से जनता का कल्याण होता हो तो भी मैं उसे कल्याण राज्य या वेलफेयर स्टेट नहीं बल्कि इलफेयर स्टेट ही कहूँगा, क्योंकि कुछ इने-गिने लोगों के हाथ में सत्ता सौंपने से वेलफेयर या कल्याण कभी हो ही नहीं सकता।" उनके मतानुसार, अपना कल्याण स्वयं करने की शक्ति जनता में होनी चाहिए और ऐसा न हुआ तो शासक चाहे अकबर हो या औरंगजेब, जनता गुलाम की गुलाम ही रहेगी।

राज्य सत्ता पुलिस और फौज के बल पर, शस्त्रसत्ता पर जीती है, कानून की छत्रछाया में बढ़ती है, धनसत्ता के सहारे पनपती है। इतना सब होने पर भी वह जनता को सुखी करने में असमर्थ ही रहती है। विनोबा जी ऐसी राजनीति के नहीं, लोकनीति के पक्षपाती थे। इन दोनों का अन्तर इस प्रकार समझाया गया है : राजनीति में शासन मुख्य होता है और लोकनीति में अनुशासन, राजनीति में सत्ता का महत्त्व होता है और लोकनीति में स्वतन्त्रता का। राजनीति नियन्त्रण पर निर्भर है, जबकि लोकनीति संयम पर अवलम्बित है। राजनीति में सत्ता और अधिकारों की स्पर्धा को प्रधानता दी जाती है और लोकनीति में कर्त्तव्यों के पालन को प्राथमिकता मिलती है। विनोबाजी चाहते थे कि हम शासन से अनुशासन की ओर, सत्ता से स्वतन्त्रता की ओर, नियन्त्रण से संयम की ओर तथा अधिकारों की स्पर्धा से कर्त्तव्यों के पालन की ओर बढ़ें। जब तक लोकनीति पूर्णतया व्यवहार्थ न बन जाये और हमें राज्य एवं राजनीति का आधार लेना ही पड़ता हो, तब तक के लिये हमें आदर्श अहिंसक शासन-पद्धति स्थापित करने के प्रयत्न करने चाहिए। ऐसी आदर्श शासन-व्यवस्था के लिये विनोबाजी ने कुछ लक्षणों का निर्देश किया है। इनमें मुख्य हैं–

1. समर्थों की शक्ति का उपयोग जन-सेवा के लिये ही हो,
2. जनता स्वावलम्बी हो और उसमें सहकार (सहयोग) की भावना हो,
3. शासन अहिंसा पर आधारित हो और
4. सबके प्रामाणिक परिश्रम का मूल्य एक समान हो अर्थात् शासन स्वतन्त्रता और समानता पर आधारित और जन-कल्याण कारी होना चाहिए।

हालाँकि विनोबाजी मानते थे कि सभी शासन-व्यवस्थाओं में जनतन्त्र श्रेष्ठ है, फिर भी उनका कहना था कि आज वह अनेक दृष्टियों से दोषमुक्त बन गई है। वह संख्याबल और संकुचित स्वार्थों के आधार पर चलता है, सम्प्रदायवाद और जातिवाद जैसे विधायक तत्त्वों को पोषता है। आज के

लोकतन्त्र का वर्णन बर्नार्ड शॉ ने यह कह कर किया है कि वह 'हर एक द्वारा चुने गए हर किसी का शासन' है–गर्वमेंट बाइ मि. एनीबडी एण्ड मिसेज एनीबडी इलेक्टेड बाई एव्रीबाडी। इसे हड़बोंग का राज्य या चौपट राज्य कहना चाहिए। ऐसे भीड़ के राज्य में लोकप्रियता नीलाम होती है, उम्मीदवार अपनी योग्यता के आधार पर नहीं, अपितु मतों के आधार पर चुने जाते हैं।

चुनावों में और भी अनेक दोष नजर आते हैं। इनमें मुख्य हैं–अधिकार का दुरुपयोग, अराजकता या गुण्डाशाही का भय और घूँसखोरी। दादा धर्माधिकारी इन दोषों का बात-पित्त-कफ के सामने लोकतन्त्र का त्रिदोष मानते हैं। राजनीतिक दल भी अपने दायरे में पार देखने में असमर्थ होते हैं। कभी वे जातिनिष्ठ बन जाते हैं और कभी व्यक्तिनिष्ठ और इन दोषों के कारण लोकतन्त्र को मानो पक्षाघात हो जाता है। विनोबाजी यह बताते हैं कि हम संख्या के फँदे में ऐसे फँस जाते हैं कि व्यक्ति की गरिमा और प्रतिष्ठा को भूल जाते हैं और 51 के विरूद्ध 49 मत हों तो भी बहुमत के आधार पर फैसले करने से हिचकते नहीं है। परिणाम यह होता है कि हमारा लोकतन्त्र गुणात्मक नहीं रहता, बल्कि गलतियों का गुणाकार बन जाता है।

आधुनिक लोकशाही का दूसरा बड़ा खतरा है–सत्ता का केन्द्रीयकरण। विनोबाजी ने एक बार कहा था कि जब हम स्वतन्त्र हुए तक सत्ता का पार्सल लन्दन से दिल्ली तो पहुँच गया, परन्तु दुर्भाग्य की बात है कि उसके बाद वह हमारे गाँवों तक पहुँचने के बजाय दिल्ली में ही अटक गया।

शासन तन्त्र और शासक वर्ग दोनों के लिये विनोबाजी ने जो मार्ग सुझाया है, वह है–सत्ता के विकेन्द्रीयकरण द्वारा ग्राम-स्वराज्य की स्थापना। विकेन्द्रीकरण का अर्थ यह नहीं है कि हम गाँवों को विज्ञान और तकनीकी लाभों से वंचित रखें। उसका अर्थ इतना ही है कि गाँव ऐसी इकाई होगी जहाँ सब उत्पादन होंगे। केन्द्रीय शासन के पास नैतिक सत्ता अधिक होगी और प्रत्यक्ष व्यवस्था की सत्ता गाँवों यानी स्थानीय शासन के पास अधिक होगी। इस व्यवस्था में उत्पादन के साधनों पर कुछ इने-गिने लोगों का इख्तियार न होने से न पूँजीवाद पनपने पाएगा, न तानाशाही उभरेगी। इससे लोगों की भौतिक उन्नति की उपेक्षा तो नहीं होगी, परन्तु भौतिक उन्नति के साथ आध्यात्मिक उन्नति भी जुड़ जाएगी।

विकेन्द्रीकरण के साथ-साथ सभी स्तरों पर शासक और प्रशासक अपने व्यवहार में संयत बरतें और सत्ता को स्वार्थ-सिद्धि का साधन समझें। यथार्थ में लोकतन्त्र की सफलता के लिये ऋषिकल्प नेताओं की और शासकों की बहुत

आवश्यकता है। गाँधीजी से एक बार पूछा गया था कि मन्त्रियों के लिये आपका सन्देश क्या है ? तब उन्होंने कहा था, ''लेट मी होल्ड देयर चेयर्स बाइ आल मीन्स, बट लेट देम होल्ड लाइटली एण्ड नाट नाइटली।'' अर्थात् शासकों को यह अच्छी तरह समझ लेना होगा कि कुर्सी खिदमत का जरिया है, उसके लिये उसके मन में कोई मोह नहीं होना चाहिए या यों कहिए कि कुर्सी के मद में वे मतदाता और उसके हित को न भूलें।

विनोबाजी का अन्तिम ध्येय था—पक्षविहीन लोकतन्त्र की स्थापना करना। पक्षों में तेरे-मेरे की भावना और संकुचितता बढ़ती है। इससे देश की एकात्मता खण्डित होती है। सर्वोदय ममभाव के स्थान पर समभाव या 'मदीय' के स्थान पर 'अस्मदीय' की भावना जगाना चाहता है। इसके लिये न केवल पक्षों की अपितु राष्ट्रों की भी दीवारें तोड़नी होगी। ऐसा किए बना विश्वैक्य की भावना जागृत नहीं हो सकेगी।

जब तक पक्षों का अस्तित्व है, तब तक यह देखना आवश्यक है कि पक्षों के सदस्यों में मतभेद भले हो, मगर उससे मतभेद या वैमनस्य न पैदा होने पाए और चुनाव भी बिलकुल खेलदिली (स्पोट्स-मैन स्पिरिट) से लड़े या खेले जायें। विनोबाजी का कहना था कि ''पक्ष अगर है तो वे मजबूत रहें।'' लेकिन आज तो उनमें नीति ही नहीं रही है और नीति के बिना कोई भी शासन नहीं चल सकता और न कोई पक्ष टिक सकता है, न लोक-व्यवस्था रह सकती है। उनका मानना था कि सत्ताधारी दल और विरोधी दलों के साथ ही एक बलवान निष्पक्ष दल भी हो, जो शासकों को सही मार्ग पर रखकर, लोकतन्त्र का संतरी बनकर काम करें। इसी तरह राज्य की दण्ड-शक्ति और हिंसा-शक्ति से सम्पन्न एक तीसरी शक्ति—लोक-शक्ति के निर्माण पर भी उन्होंने जोर दिया और कहा कि इस शक्ति को सर्वव्यापक बनाने के लिये सर्वोदय के कार्यकर्त्ता अपने किसी दल के साथ न जोड़े, यानी निष्पक्ष और स्वतन्त्र रहकर जन सेवा तथा लोक-शिक्षण के काम में लगे रहें।

उसके साथ विनोबाजी ने यह भी सुझाया है कि जीवन के अन्य क्षेत्रों की तरह राजनीति में भी साठ साल की उम्र के बाद निवृत्ति लेने की अनिवार्य शर्ते हों। इससे जनतन्त्र के सभी न सही, किन्तु कुछ दोषों का तो निराकरण हो ही सकता है। इसी तरह सभी निर्णय सर्वसम्मति से किये जायें। यदि यह सम्भव न हो तो भी अल्प-बहुमत के आधार पर तो कोई निर्णय नहीं किया जाए।

लोकतन्त्र में नागरिकों का सहकार अत्यावश्यक है। हर नागरिक की यह जिम्मेदारी है कि शासन के सुचारू रूप से संचालन के लिये वह राज्य के कानूनों का पालन करें और शासन को सहयोग दे। संक्षेप में, लोकतन्त्र की सफलता के लिये जनता में वैधानिकता की आदत (काँस्टिट्यूशनल हैबिट) का होना आवश्यक है। जनमत को शिक्षित करने और लोक-जागृति के निर्माण में भी हर प्रबुद्ध नागरिक को अपना योगदान देना चाहिए।

परन्तु जब देश में सुशासन के बदले दुःशासन चलता हो, सत्ता और सत्ताधारी सम्राट बनकर बैठे हों, जनतन्त्र और बहुमत के नाम पर ज्यादतियाँ होती हों, लोकतन्त्र के प्राणरूप वाक्-स्वातन्त्रय और अभिव्यक्ति-स्वातन्त्र्य पर अंकुश लगाया जाता हो, तब उसका प्रतिकार करना, उसके विरूद्ध सत्याग्रह करना हर नागरिक का अधिकार ही नहीं, परम कर्त्तव्य भी बन जाता है। विनोबाजी के शब्द है, "यह मानना गलत है कि जनतन्त्र में सत्याग्रह का कोई स्थान नही है।" अभावात्मक सत्याग्रह के लिये उसमें कम गुँजाइश होगी, परन्तु विधायक सत्याग्रह का उस पर अवश्य प्रभाव पड़ेगा। ऐसे सत्याग्रह में न हिंसा का कोई स्थान होगा न धमकियों का, वह (सत्याग्रह) प्रेम-बाण या प्रेम-प्रकर्ष होगा। यह सही है कि विनोबाजी सत्याग्रह में 'आग्रह' की अपेक्षा 'सत्य' पर अधिक जोर देते थे, लेकिन सत्याग्रह के महत्त्व को उन्होंने कभी नकारा नहीं।

इस प्रकार विनोबाजी ने दण्ड की जगह प्रेम और शान्ति की स्थापना और नीति एवं राजनीति के समन्वय की गाँधीजी की परम्परा जारी रखी। इसके अलावा उन्होंने आधुनिक लोकतन्त्र के दोषों का स्पष्ट चित्र हमारे सामने रखा। इतना ही नहीं, उन्होंने पक्षविहीन लोकतन्त्र और ग्राम-स्वराज्य का महत्त्व ठीक से हृदयगंम कराया और सत्ता के अत्यधिक केन्द्रीयकरण से वैयक्तिक स्वातन्त्रय् कैसे कुचला जा सकता है, इस बारे में हमें सावधान किया। उन्होंने हमें यह भी अच्छी तरह समझाया कि हमारा श्रेय इंग्लैण्ड या अमेरिका के अन्धानुकरण में नहीं, अपितु अपनी संस्कृति के अनुरूप लोकतन्त्र का नव-संस्करण करने में है। भू-दान और ग्रामदान के जरिए उन्होंने क्रान्ति को मानवनिष्ठ बनाकर उसे एक नया आयाम दिया।

कभी-कभी यह आलोचना की जाती है कि विनोबाजी की बातें स्वप्नरंजना या कोरी कल्पना के समान अव्यवहार्य हैं। यह बात सही नहीं, क्योंकि विनोबाजी ने हमें ऐसा एक सुनिश्चित ध्येय दिया है, जिसमें पिछली सदियों-पीढ़ियों का

अनुभव प्रतिफलित हुआ है और आने वाली पीढ़ियों की आशा व आकांक्षाएँ अंकित हुई हैं। उस ध्येय तक पहुँचने में हमें बहुत समय लग सकता है। लेकिन जीवन की कृतार्थता सिद्धि से अधिक साधनों में है, ध्येय-प्राप्ति से बढ़कर ध्येय की ओर अग्रसर होने में है। इस बात को हृदयंगम कराने वाले 'विनोबाजी' चिर-प्रणम्य है।

मौन व्रत

राष्ट्रपिता महात्मा गांधी के आध्यात्मिक उत्तराधिकारी कहे जाने वाले आचार्य विनोबा भावे मूलतः एक सामाजिक विचारक थे जिन्होंने भू-दान आंदोलन के जरिए समाज में भू-स्वामियों और भूमिहीनों के बीच की गहरी खाई को पाटने का एक अनूठा प्रयास किया।

विनोबा भावे अपने युवाकाल में ही महात्मा गांधी के समीप आ गए थे। विनोबा को गांधी की सादगी ने जहां मोह लिया, वहीं राष्ट्रपिता ने विनोबा के भीतर एक विचारक और आध्यात्मिक व्यक्तित्व के लक्षण देखे। इसके बाद विनोबा ने आजादी के आंदोलन के साथ-साथ महात्मा गांधी के सामाजिक कार्यों में सक्रियता से भाग लिया। भू-दान आंदोलन की चर्चा करते हुए गांधीवादी आर्यभूषण भारद्वाज ने बताया कि विनोबा इसे आंदोलन न कहकर यज्ञ कहना पसंद करते थे। उन्होंने कहा कि आंदोलन में भागीदारी करनी पड़ती है जबकि यज्ञ में आहूति देनी पड़ती है। लिहाजा भू-दान में अधिक भूमि रखने वाले भू-स्वामियों को अपनी भूमि की आहूति देनी पड़ती थी।

विनोबा के साथ जुड़े रहे भारद्वाज ने बताया कि भावे एक स्वतंत्र विचारक थे। उन्होंने कई विषयों पर गांधी से हटकर स्वतंत्र चिंतन किया और उनका चिंतन आकर्षक होने के साथ-साथ व्यावहारिक भी था। विनोबा का जन्म 11 सितंबर 1895 को महाराष्ट्र के कोलाबा जिले के एक गांव में हुआ। शुरुआती शिक्षा के बाद वह संस्कृत के अध्ययन के लिए ज्ञान नगरी काशी गए।

काशी में उन्होंने समाचारपत्रों में महात्मा गांधी का बनारस हिंदू विश्वविद्यालय में दिया गया भाषण पढ़ा। इस भाषण ने विनोबा के जीवन की दिशा बदल दी क्योंकि इससे पहले वह महात्मा बनने के लिए हिमालय या क्रांतिकारी बनने के लिए बंगाल जाने वाले थे। उन्होंने पत्र लिखकर महात्मा गांधी से मिलने का समय मांगा। महात्मा गांधी से पहली ही मुलाकात के बाद दोनों का गहरा संबंध जुड़

गया। बापू ने उन्हें अपने वर्धा आश्रम का जिम्मा सौंप दिया। उन्होंने गांधी दर्शन के साथ तमाम प्रयोग किए। इस दौरान उनकी आध्यात्मिक साधना भी चलती रही।

देश की आजादी के आंदोलन में विनोबा कई बार जेल गए। 1940 में महात्मा गांधी ने उन्हें पहला वैयक्तिक सत्याग्रही घोषित किया। 1942 के भारत छोड़ो आंदोलन के दौरान उन्होंने धूलिया जेल में गीता पर मराठी में लिखी पुस्तक 'गीताई' को अंतिम रूप दिया। इसी प्रकार विभिन्न जेलों में उन्होंने अपनी कई पुस्तकों की रचना की जिनमें 'स्वराज्य शास्त्र', 'स्थितप्रज्ञ दर्शन' शामिल हैं। विनोबा स्वयं कई भाषाओं के न केवल ज्ञाता थे बल्कि वह लोगों को भी कई भारतीय भाषाएं सीखने के लिए प्रेरित करते थे।

विनोबा के नेतृत्व में तेलंगाना आंदोलन के दौरान क्षेत्र की एक हरिजन बस्ती में भू-दान आंदोलन की नींव पड़ी। भूमिहीन मजदूरों की समस्या के हल के रूप में भू-दान आंदोलन की लोकप्रियता पूरे देश में जल्द ही फैलने लगी। इस आंदोलन के तहत उत्तर प्रदेश, बिहार, उड़ीसा, तमिलनाडु, केरल आदि राज्यों में कई भूमि स्वामियों ने अपनी भूमि दान की। विनोबा के व्यक्तित्व का एक अन्य बड़ा पक्ष उनकी पद-यात्राएं थीं। उन्होंने लगातार 13 वर्ष पूरे भारत की पद-यात्राएं की। विनोबा ने चंबल घाटी में दस्यु समस्याओं को दूर करने के लिए दस्यु उन्मूलन प्रयासों में भी सक्रियता से योगदान दिया।

विनोबा ने 25 दिसंबर 1974 से अगले एक वर्ष तक मौन व्रत रखा था। इसी दौरान देश में आपातकाल लगाया गया था। मौन रहते हुए विनोबा ने इसे 'अनुशासन पर्व' की संज्ञा दी थी। इसके कारण विनोबा राजनीतिक विवाद में आ गए।

3

विनोबा का सर्वोदय दर्शन

विनोबा भावे में भू-दान आंदोलन का विचार 1951 में तब जन्मा। जब वह आन्ध्र प्रदेश के गाँवों में भ्रमण कर रहे थे, भूमिहीन अस्पृश्य लोगों या हरिजनों के एक समूह के लिए जमीन मुहैया कराने की अपील के जवाब में एक जमींदार ने उन्हें एक एकड़ जमीन देने का प्रस्ताव किया। इसके बाद वह गाँव-गाँव घूमकर भूमिहीन लोगों के लिए भूमि का दान करने की अपील करने लगे और उन्होंने इस दान को गांधीजी के अहिंसा के सिद्धान्त से संबंधित कार्य बताया। भावे के अनुसार, यह भूमि सुधार कार्यक्रम हृदय परिवर्तन के तहत होना चाहिए न कि इस जमीन के बँटवारे से बड़े स्तर पर होने वाली कृषि के तार्किक कार्यक्रमों में अवरोध आएगा, लेकिन भावे ने घोषणा की कि वह हृदय के बँटवारे की तुलना में जमीन के बँटवारे को ज्यादा पसंद करते हैं। हालांकि बाद में उन्होंने लोगों को ग्रामदान के लिए प्रोत्साहित किया, जिसमें ग्रामीण लोग अपनी भूमि को एक साथ मिलाने के बाद उसे सहकारी प्रणाली के अंतर्गत पुनर्गठित करते। आपके भू-दान आन्दोलन से प्रेरित होकर हरदोई जनपद के सर्वोदय आश्रम टडियांवा द्वारा उत्तर प्रदेश के 25 जनपदों में श्री रमेश भाई के नेतृत्व में उसर भूमि सुधार कार्यक्रम सफलता पूर्वक चलाया गया।

दर्शन

सन्त विनोबा के आध्यात्मिक विचार उनकी सर्वोदय-क्रान्ति की आधारभूमि का निर्माण करते हैं। आध्यात्मिक मूल्यों में गहन विश्वास रखने वाला व्यक्ति ही सर्वोदय-क्रान्ति को साकार बनाने की क्षमता रख सकता है। विनोबा का भगवान, भक्त और मोक्ष में गहन विश्वास था। उनका कहना था कि हमारी ज्ञानेन्द्रियाँ हमें धोखा दे सकती हैं, लेकिन ईश्वर की सत्ता का अनुभव करने वाली अनुभूति निर्भ्रान्त है। विनोबा ईश्वर के अस्तित्व को तर्क का नहीं वरन् अनुभूति का विषय मानते थे। उनकी दृष्टि में ईश्वर प्राप्ति का सबसे सरल मार्ग यही है कि ईश्वर के लिये अपने चित्त के दरवाजे सदैव खुले रखे जायें अर्थात् हृदय में सत्य, प्रेम, करूणा आदि मानवीय आदर्शों को स्थान दिया जाये। इन मानवीय गुणों को यदि हम अपने हृदय में संजोते हैं तो ईश्वर हमारे हृदय में स्वयं प्रवेश करेगा। वास्तव में विनोबा सच्ची मानवता के विकास में आकाँक्षी थे। ईश्वर की भक्ति के मार्ग में वे अहंकार को एक बड़ी बाधा मानते थे। भक्ति हमारे अहंकार का परस्पर कटु विरोध है। अहंकार मानवीय गुणों का ह्रास करता है। विनोबा की दृष्टि में अहंकार रहित सर्वथा विनम्र और समर्पण के भाव से प्रार्थना करने पर ही हम ईश्वर के निकट पहुँच सकते हैं। प्रार्थना का वास्तविक रूप यही है कि हम मानवीय आदर्शों के लिये अपने हृदय के द्वार बन्द न करें और अहंकार, द्वेष आदि अवरोधों से यथाशक्ति दूर रहें।

विनोबा को सभी धर्मों से लगाव था। उनका सन्देश है कि हम यदि धार्मिक अनुभवों को पवित्रता और सद्भाव से देखें तो यही पायेंगे कि सभी धर्मों के मूल तत्व समान है। संस्थागत धर्म के प्रति आस्था रखने से ही हम धार्मिक असहिष्णुता के शिकार बन जाते हैं। धर्म का सार प्रेम, सेवा और करूणा में है। मानवता की सेवा ही सबसे ऊँचा और सबसे अच्छा धर्म है। रंग, जाति, वर्ग आदि की तुच्छ सीमाओं से ऊपर उठकर हमें संस्थागत धर्म को तिलाजँलि दे देनी चाहिए। हम उसे धर्म नहीं कह सकते जो साम्प्रदायिक विद्वेष की शिक्षा देता हो। कोई भी धर्म मानव-धर्म के विरूद्ध नहीं हो सकता। मानव-धर्म का स्पष्ट अर्थ है—सबसे साथ भलाई का व्यवहार किया जाये। सत्य और प्रेम तथा संयम के आदर्श अपनाए जायें।

मूर्तिपूजा पर विनोबा के बड़े व्यावहारिक विचार हैं। वे मूर्तिपूजा को अन्धविश्वास नहीं मानते थे। जब ईश्वर को हम सर्वव्यापी कहते हैं तो इसका

स्वाभाविक अर्थ है कि वह मूर्ति में भी मौजूद है। मूर्ति ईश्वर के प्रतीक के रूप में है, अतः मूर्ति की पूजा करने या मस्जिद और चर्च की पूजा करने में कोई अन्तर नहीं। हम मूर्ति के माध्यम से अथवा मस्जिद अथवा चर्च में पूजा करके ईश्वर के प्रति अपने विश्वास को विभिन्न कर्मों से या विभिन्न साधनों से व्यक्त करते हैं। मूर्तिपूजा जब अनुचित है जब हम यह मानकर चलें कि ईश्वर केवल वही है जिस मूर्ति की हम पूजा करते हैं। विनोबा का कथन था कि मूर्तिपूजा आवश्यक नहीं, लेकिन आत्मानुभूति के उद्देश्य की यात्रा में एक महत्वपूर्ण आस्था अवश्य है।

विनोबा का सम्पूर्ण चिन्तन और समग्र जीवन नैतिकता पर आश्रित है। मानव जीवन एक अविभाज्य इकाई है जिसे हम भौतिक और आध्यात्मिक दो टुकड़ों में नहीं बाँट सकते। विनोबा के लिये नैतिक मूल्य जीवन की सबसे बड़ी निधि थे। आत्मानुभूति अथवा ईश्वरानुभूति मानव-जीवन का सर्वोच्च लक्ष्य है जिसकी प्राप्ति के लिये श्रेष्ठ और नैतिक जीवन व्यतीत करना आवश्यक है। विनोबा जीवन में सबके प्रति मैत्री पूर्ण व्यवहार के आकाँक्षी थे, उन्हें 'मित्र-शून्यता' पर विचार पसन्द हीं था। स्नेह के परित्याग का अर्थ है शुष्क हृदय बनना। यदि हम सबकी ओर स्नेह और मैत्री की दृष्टि से देखेंगे तो प्रतिदान में दूसरे भी हमें उसी दृष्टि से देखेंगे। नैतिक मूल्यों में प्रगाढ़ निष्ठा रखने का स्वाभाविक अर्थ है सत्य और अहिंसा में निष्ठा रखना। सत्य और अहिंसा विनोबा के सम्पूर्ण दर्शन का आधार है। उनकी मान्यता थी कि सही और आदर्श सामाजिक ढाँचे का निर्माण तब तक नहीं किया जा सकात जब तक समाज के सदस्य सत्यनिष्ठा और अहिंसापूर्ण आचरण पर न चलें। विनोबा की दृष्टि में वर्तमान शिक्षा प्रणाली की सबसे बड़ी कमजोरी यही है कि इससे नैतिक मूल्यों को प्रोत्साहन नहीं मिलता। जब तक शिक्षा का मूल उद्देश्य चरित्र और व्यक्तित्व का निर्माण नहीं होगा तब तक हमारा समाज वर्तमान शोचनीय स्थिति से निस्तार नहीं पा सकेगा। सत्य और अहिंसा हमारे आत्म-विश्वास को विकसित करने वाली परम शक्तियाँ हैं। व्यक्ति की आत्मा अपार शक्ति का स्रोत है, जिसके समक्ष राजनीतिक, सामाजिक सभी संगठन गौण और फीके हैं। विनोबा ही के शब्दों में, "जैसे विस्फोट होने पर अणु अपार शक्ति का निर्माण कर सकता है, वैसे ही हर क्रान्ति का आरम्भ व्यक्ति में होता है, यदि आप उससे शक्ति पा सकें।"

सर्वोदय की अवधारणा

''सर्वोदय का किसी के साथ विरोध रहने का कोई कारण नहीं। अवश्य ही उसका उन सबके विचारों से विरोध है, जो यह मानते हैं कि सबका उदय न हो, कुछ थोड़े ही लोगों और विशिष्टों का ही हो तथा कुछ जातियाँ या लोग दूसरों से श्रेष्ठ हैं और उन्हीं के हाथों में सत्ता रहे।'' –विनोबा

'सर्वोदय' शब्द आज अपरिचित नहीं है। गाँधी की मृत्यु के बाद उनके साथियों और अनुयायियों ने विनोबा के परामर्शानुसार 'सर्वोदय समाज' नामक एक 'संगठनहीन संगठन' की स्थापना की और इस प्रकार 'सर्वोदय' शब्द प्रचलित हुआ। गाँधीजी ने सर्वप्रथम इस शब्द का प्रयोग जोन रक्सिन की विख्यात पुस्तक 'अन्टू दिस लॉस्ट' का सार प्रकट करने के लिये किया था। गाँधी जी रक्सिन की पुस्तक से बड़े प्रभावित हुए थे। इस पुस्तक ने उनकी इस भावना को दृढ़ किया था कि सबकी भलाई में ही अपनी भलाई है, सबको आजीविका का समान अधिकार है, सभी कामों की कीमत एकसी होनी चाहिए। गाँधीजी का यह विश्वास दृढ़ हुआ था कि 'अधिकतम लोगों का अधिकतम हित' वाला सिद्धान्त गलत है पर हमारा ध्येय सभी का अधिकतम हित होना चाहिए। गाँधी की मृत्यु के बाद उनके इसी आदर्श को पूरा करने का बीड़ा विनोबा ने उठाया।

सर्वोदय अवधारणा का अभिप्राय

'सर्वोदय' का सीधा सरल अर्थ 'सबका उदय' है, पर एक विचार के रूप में इसके अर्थ बहुत गहरे हैं। इसका जितना अधिक चिन्तन और प्रयोग किया जायेगा, उतना ही अधिक अर्थ स्पष्ट होता जाएगा। सर्वोदय की विशेषता उसकी समन्वयात्मक प्रवृत्ति है, यह सभी विचारों के अच्छे अंश को ग्रहण करता है और दोषों को छोड़ देता है। इसका आधारभूत सिद्धान्त 'अद्वैत' है अर्थात् सर्वोदय विचार सम्पूर्ण सृष्टि की, जिसका मानव एक अंग है, एकता में विश्वास रखता है और इसीलिए यही नहीं मानता कि व्यक्तियों, समूहों, वर्गों तथा राष्ट्रों के हित भिन्न-भिन्न और विरोधी हो सकते हैं। यदि हमको हितों में विरोध प्रतीत होता है तो इसका कारण हमारी गलत धारणाएँ और हमारा गलत आचार ही है। यदि हम मानव-हितों की एकता में विश्वास पैदा करें तो हम 'सर्वोदय' की वास्तविकता के निकट पहुँच सकेंगे। 'सर्वोदय' में यह मान्यता, निहित है कि

मानव-आत्मा पवित्र है और स्वतन्त्रता, समानता, न्याय तथा बन्धुत्व के आदर्शों को हमें अत्यधिक महत्व देना चाहिए।

सर्वोदय भावना और आचरण का एक अच्छा उदाहरण एक ऐसे आदर्श परिवार का होगा जिसके सदस्यों के सम्बन्ध आपसी व्यवहार की सच्चाई, प्रेम और कल्याण पर आधारित होते हैं। गलत आचरण करने वाले सदस्य के बारे में यह सहिष्णुतापूर्ण विश्वास होता है कि वह अपनी भूल समझकर सही मार्ग पर आ जाएगा। इसीलिए उसे सुधारने का ही प्रयास किया जाता है। परिवार के सदस्य मानव-स्वभाव को 'सद्' मानकर चलते हैं। ऐसे परिवार में विवेकपूर्ण समानता बरती जाती है। व्यक्तिगत उपयोग की वस्तुएँ तो सदस्यों के अपने पास रहती है, पर शेष वस्तुओं पर पूरे परिवार का अधिकार माना जाता है और आवश्यकता होने पर व्यक्तिगत उपयोग की वस्तुओं को भी दूसरों को देने की तैयारी रहती है। सर्वोदय का सन्देश है कि पूरे समाज में इसी प्रकार की कौटुम्बिक भावना पाई जानी चाहिए। पर जहाँ प्रचलित कुटुम्ब जन्म और विवाह पर आधारित है, वहाँ सर्वोदय का कौटुम्बिक समाज समानतामूलक और मैत्री-प्रधान होगा तथा ऐसे समाज में व्यक्ति का व्यक्तित्व समाप्त न होकर निरन्तर अधिक विकसित ही बनेगा।

सर्वोदय एक जीवन-व्यापी क्रान्ति है। व्यक्तिगत एवं सामाजिक जीवन के सब पहलुओं में आमूल क्रान्ति करना, यही सर्वोदय का अन्तिम ध्येय है। सर्वोदय मानवकृत विषमता का निराकरण करना चाहता है। जीव मात्र के लिये, प्राणि-मात्र के लिये, समादार, प्रत्येक के प्रति सहानुभूति ही सर्वोदय का मार्ग है। सर्वोदय समान-निरपेक्ष, शाश्वत और व्यापक मूल्यों की स्थापना करना चाहता है। यह बाधक मूल्यों का निराकरण करना चाहता है। "सर्वोदय ऐसे वर्ग-विहीन, जाति-विहीन और शोषण-विहीन समाज की स्थापना करना चाहता है जिसमें प्रत्येक व्यक्ति और समूह को अपने सर्वांगीण विकास के साधन और अवसर मिले। यह क्रान्ति अहिंसा और सत्य द्वारा ही सम्भव है। सर्वोदय इसी का प्रतिपादन करता है।" सर्वोदय इस बात को स्वीकार नहीं करता कि मानव का आपस-आपस में विरोध हो या एक का हित दूसरे के हित के विरूद्ध हो।" लड़का में विचार-भेद हो सकता है, लेकिन हित-विरोध नहीं। भिन्न-भिन्न विचार हों, तो ऐसे अनेक विचार मिलकर एक पूर्ण विचार बन सकता है, क्योंकि किसी एक आदमी को पूर्ण विचार सूझे, यह सम्भव नहीं है। एक को एक अंग सूझेगा, दूसरे को दूसरा, तो तीसरे को तीसरा, इस तरह मिलकर एक पूर्ण विचार होगा।

इसलिए विचार-भेदों का होना जरूरी है। इसमें दोष नहीं, बल्कि गुण ही है, लेकिन हितों में विरोध नहीं होना चाहिए।''

'सर्वोदय में आत्म-निर्भरता का भाव निहित है। इससे यह प्रेरणा मिलती है कि हमें अपनी कमाई का खाना चाहिए, दूसरे की कमाई का नहीं खाना चाहिए। हमें अपना भार दूसरों पर नहीं डालना चाहिए। दूसरे का धन किसी तरह ले लें, इसे 'अपनी कमाई' नहीं कहा जा सकता। कमाई का अर्थ है, प्रत्यक्ष उत्पादन। यदि हम इन दो नियमों का पालन करें तो सर्वोदय-समाज का प्रचार दुनिया में हो सकेगा।'' सर्वोदय अस्पृश्यता को मानवता के माथे पर सबसे बड़ा कलंक मानता है। यह एक बड़ी कष्टमय स्थिति है कि हम भंगी को अछूत करार देकर उससे ऐसा काम करवाते हैं कि फिर उसे दूसरे धन्धों में प्रवेश न मिले। ''इस गुलामी से तो हमें उन्हें मुक्त करना ही पड़ेगा। इसके लिये हम सबको भंगी बनना चाहिए या उस काम को ऐसा स्वरूप देना चाहिए, जिसे हर कोई कर सकें।''

सत्य में विश्वास सर्वोदय की प्राण-शक्ति है। ''सर्वोदय-समाज की कल्पना क्या है? मैं सब में हूँ और मुझमें सभी है। इसलिए मैं अपनी निजी जीवन में, व्यापार-व्यवसाय में, सामाजिक जीवन में और हर जगह असत्य का व्यवहार नहीं कर सकता, क्योंकि अगर सब जगह मैं ही हूँ तो असत्य कैसे शोभा देगा ? कैसे और किससे छिपाया जाए ? जिससे छिपाना है,, वह भी मैं ही हूँ न—इस प्रकार की महान् सत्य निष्ठा ही सर्वोदय की बुनियाद है।

विनोबा जी के अनुसार, ''सर्वोदय-क्रान्ति की प्रक्रिया त्रिकोणात्मक है, और यह त्रिभुज 'हृदय-परिवर्तन', 'विचार-परिवर्तन' तथा 'परिस्थिति-परिवर्तन' की तीन रेखाओं से बनता है। इसका अर्थ है कि कुछ लोग तो विचार समझ जाने पर अपना जीवन बदल लेते हैं, कुछ के हृदय पर असर डालना पड़ता है, और शेष परिस्थिति से विवश होकर अपना जीवन बदलते हैं। इस प्रकार पूरा समाज बदल जाता है। 'सर्वोदय' मानता है कि वास्तविक परिवर्तन तो जीवन के मूल्यों का ही परिवर्तन है। ऐसा ही परिवर्तन टिकने वाला है। क्रान्ति का अर्थ ही समाज और व्यक्ति के जीवन-मूल्यों में बहुत बड़ा परिवर्तन है। इस प्रकार का परिवर्तन बल-प्रयोग द्वारा नहीं, वरन् धैर्य से समझा-बुझाकर, अपने स्वयं के जीवन को नए मूल्यों के अनुसार ढालकर तथा उनके लिये कष्ट सहकर दूसरों को प्रभावित करके ही किया जा सकता है। दूसरे शब्दों में, यह परिवर्तन अहिंसा द्वारा ही हो सकता है।''

सर्वोदय मार्क्सवाद, श्रम-संघवाद, श्रेणी-समाजवाद जैसी समाजवादी विचारधाराओं से भिन्न हैं। ये विचारधाराएँ केवल श्रमजीवी वर्ग के हितों पर जोर देती हैं और पूँजीपति वर्ग के समूल विनाश की आकाँक्षी हैं, लेकिन सर्वोदय तो यह मानकर चलता है कि इस प्रकार का कोई भी वर्ग-भेद समाज तथा सामाजिक जीवन में अस्वाभाविक है। मनुष्य में प्रकृति से ही प्रेम और सहयोग की भावनाएँ प्रबल है, अतः संकीर्ण भावनाओं के आधार पर, द्वेष और संघर्ष के आधार पर, समाज को विभाजित करना सर्वथा अनुचित है। जहाँ मार्क्सवाद मनुष्य को पूर्णतः भौतिकवादी प्राणी मानते हुए उसके आध्यात्मिक मूल्यों को अस्वीकार करता है, वहीं सर्वोदय मनुष्य के नैतिक मूल्य में विश्वास करता है और उसके आध्यात्मिक मूल्यों का जयघोष करता है। फेबियनवाद भी सर्वोदय के आदर्श को नहीं छू सका है। फेबियनवाद व्यक्ति के सबसे कल्याण के लिये अपना बलिदान कर देने का अनुरोध नहीं करता। इसके विपरीत, सर्वोदय का लक्ष्य कुछ या बहुत से व्यक्तियों का उत्थान नहीं है, अधिकतम संख्या का उत्थान भी नहीं है वरन् सबके उत्थान का है—ऊँचे का भी और नीचे का भी, सबल का भी, बुद्धिमान का भी। सर्वोदय सम्पूर्ण समाज के उत्थान को अपना लक्ष्य मानता है। अपनी इसी विशेषता के कारण यह उपयोगितावाद से भी श्रेष्ठ है, जो अधिकतम संख्या के अधिकतम सुख को ही अपना लक्ष्य मानता है। सर्वोदय का आदर्श तो 'जीओ और जीने दो' के आदर्श से भी ऊँचा है, क्योंकि इसका आदर्श है—'दूसरों को लिये जीओ।' इसमें सन्देह नहीं कि सर्वोदय में हम भारतीय संस्कृति के महानतम मूल्यों का दर्शन करते हैं। यह भारतीय वेदान्त दर्शन का व्यावहारिक रूप है। सर्वोदय के ये लक्षण इसे समाजवाद के सभी पाश्चात्य रूपों से भिन्न और विभिन्न बना देते हैं। जहाँ पाश्चात्य समाजवादी हित का अभिप्राय भौतिक अथवा आर्थिक हित से लेते हैं वहीं सर्वोदय आध्यात्मिक विकास को प्रधानता देता है, सर्वांगीण हित की कामना करता है, कुछ या बहुत या अधिकतम की नहीं अपितु सबकी प्रगति की आकाँक्षा रखता है।

सर्वोदय हमें तुच्छ स्वार्थों से ऊपर और समन्वयकारी प्रवृत्ति का विकास करने का उद्देश्य देता है। यह एक अत्यन्त ऊँचे लक्ष्य की ओर संकेत करता है। यह बतलाता है कि मानव समाज के कल्याण के लिये हमें परिवार, स्वजन, ग्राम, नगर, जाति, धर्म, राष्ट्र आदि की संकीर्ण भावनाओं से ऊपर उठकर कार्य करना होगा। हमारे चिन्तन और व्यवहार में संकीर्णता का समावेश नहीं होना चाहिए अन्यथा हम 'सबके उदय' के लक्ष्य से पिछड़ जायेंगे। सर्वोदय समाज की कल्पना एक इकाई

की कल्पना है। तदनुसार हमें समाज को एक शरीर के रूप में देखना चाहिए। सम्पूर्ण समाज का व्यक्तित्व एक है। जिस प्रकार शरीर के किसी एक अंग को आराम देने के लिये दूसरे अंग को कष्ट देना भारी मूर्खता होगी उसी प्रकार समाज के एक अंग को पीड़ित करना सम्पूर्ण समाज को हानि पहुँचाना होगा। जिस प्रकार आँखों की ज्योति बढ़ाने के लिये घी खाने पर उसका लाभ केवल आँखों को ही नहीं बल्कि शरीर के सभी अंगों को मिलेगा, उसी प्रकार समाज के एक व्यक्ति का हित सार्वजनिक हित में अभिवृद्धि करेगा, क्योंकि मानव शरीर की रचना केवल हाड़-माँस से नहीं अपितु मन और हृदय से भी हुई है।

सर्वोदय में साध्य और साधन दोनों की पवित्रता अपेक्षित है। पवित्र उद्देश्य की प्राप्ति के लिये साधन भी पवित्र ही होने चाहिए क्योंकि साधन की अपवित्रता लक्ष्य की पवित्रता को नष्ट कर देती है। नैतिकता सर्वोदय का मूल मन्त्र है। यहाँ हमें सर्वोदय और साम्यवाद में स्पष्ट ही एक बुनियादी अन्तर दिखाई देता है। मार्क्सवाद-साम्यवाद वर्गविहीन समाज की स्थापना के लिये, पूँजीवाद के उन्मूलन के लिये हिंसात्मक साधनों और रक्त-रंजित क्रान्ति का उपदेश देता है। वहीं सर्वोदय में अहिंसा को सर्वोपरि स्थान दिया गया है और साध्य तथा साधन की पवित्रता प्रथम वस्तु है।

सर्वोदयी समाज का रूप

आज 'सर्वोदय' भावना का अभाव पाया जाता है, क्योंकि समाज का ढाँचा गलत है। विनोबा और अन्य सर्वोदयी विचारकों ने अपने इच्छित सर्वोदयी समाज के सम्बन्ध में विचार व्यक्त किए हैं। विशेषतः उन्होंने उन सिद्धान्तों का स्पष्टीकरण किया है, जिनके आधार पर समाज का पुनर्निर्माण किया जाना चाहिए। इस कल्पित सर्वोदयी समाज के पूरे ढाँचे को हम तीन भागों में बाँट सकते हैं–सामाजिक, आर्थिक तथा राजनीतिक।

सामाजिक संरचना

सामाजिक संरचना की दृष्टि से सर्वोदयी समाज का प्रमुख आधार सिद्धान्त 'समानता' है। सर्वोदय किसी गणितीय समानता की बात नहीं करता, विवेकपूर्ण समानता का समर्थक है। सर्वोदयी विचारक मानते हैं कि समाज में कुछ न कुछ अन्तर तो बना रहेगा, लेकिन उस प्रकार की विषमता नहीं होगी जो आज पाई जाती है। सर्वोदयी समाज में ऊँच-नीच का भेद नहीं होगा और

शोषण तथा आर्थिक विषमताओं को बल देने वाले तत्व नहीं होंगे। स्त्रियों को पुरुषों की भाँति आर्थिक और वैधानिक अधिकार प्राप्त होंगे, समाज में दोनों का दर्जा बराबर होगा। इस विवेकपूर्ण समानता के लिये सर्वोदयी विचारक कुछ आवश्यकताओं पर बल देते हैं जिनमें निम्नांकित प्रमुख हैं–

1. पहली आवश्यकता यह है कि समाज में शरीर-श्रम को प्रतिष्ठा दी जाये, उसे बुद्धि-श्रम के बराबर महत्व प्राप्त हो। आज के समाज की एक बड़ी कमजोरी यही है कि वह 'हुजूर' (बुद्धिजीवी) और 'मजूर' (श्रमजीवी) में विभाजित है तथा श्रमजीवियों को हीन दृष्टि से देखा जाता है। इस खाई को पाटने के लिये सर्वोदयी समाज में शरीर श्रम यथासम्भव सबके लिये अनिवार्य होगा, यह अलग बात है कि कुछ लोग शरीर श्रम अधिक करें तो कुछ मानसिक श्रम अधिक करें। लेकिन यह निश्चित है कि दोनों प्रकार के श्रम करने से व्यक्ति और समाज दोनों को लाभ होगा और समाज का सन्तुलित विकास सम्भव हो सकेगा।
2. शरीर श्रम के कामों में विनोबा ने कृषि-कार्य को प्राथमिकता दी है। उनका विचार था कि यह कार्य मानव के सम्पूर्ण स्वास्थ्य की दृष्टि से सर्वोत्तम है, अतः अधिकाधिक लोगों को इस काम में हाथ बँटाने का अवसर मिलना चाहिए। स्पष्ट है कि सर्वोदय ग्रामीण सभ्यता का पोषक है तथा नगरों की बढ़ती हुई संख्या को समाजशास्त्रिय दृष्टि से हानिकारक मानता है।
3. सर्वोदय का आग्रह है कि निजी सम्पत्ति की मात्रा सीमित होनी चाहिए। निजी सम्पत्ति का अधिकार व्यक्तिगत उपयोग की वस्तुओं तक सीमित रहना चाहिए। उत्पादन के ऐसे साधनों पर निजी स्वामित्व नहीं होना चाहिए जिनसे शोषण की प्रवृत्ति को बल मिलता हो।
4. सामाजिक विषमता का भारतीय समाज में घनिष्ठ सम्बन्ध वर्ण-व्यवस्था के मूल में कुछ वैज्ञानिक तत्व हैं जिन्हें भावी व्यवस्था में स्थान मिलना चाहिए। लेकिन उनका यह भी कहना था कि खान-पान, विवाह आदि के सम्बन्ध में जो अनुचित प्रतिबन्ध प्रचलित हैं उन्हें समाप्त किया जाना चाहिए। स्पष्ट है कि सर्वोदय वर्तमान प्रचलित वर्ण-व्यवस्था के विरूद्ध है, किन्तु वह एक दूसरी प्राचीन व्यवस्था को जीवित करना चाहता है और वह है आश्रम-अवस्था जो मानव के सम्पूर्ण जीवन को ब्रह्मचर्य, गृहस्थ, वानप्रस्थ और संन्यास के चार आश्रमों में विभाजित करती है।

संक्षेप में, "सर्वोदयी समाज की सामाजिक संरचना समानता, शरीर श्रम और अपरिग्रह पर आधारित होगी। उससे ग्रामीण सभ्यता को प्रधानता मिली हुई होगी, वर्ण-भेद नहीं होंगे और उसमें व्यक्ति जीवन के चार आश्रमों का, विशेषतः वानप्रस्थाश्रम का, पालन करता हुआ होगा।"

आर्थिक सरंचना

सर्वोदयी समाज की आर्थिक संरचना के सम्बन्ध में निम्न चार सिद्धान्त हैं–

(1) सादा और सरल जीवन का सिद्धान्त–, , , और । सर्वोदय के अनुसार 'सादा और सरल जीवन' उच्च मानसिक जीवन एवं आध्यात्मिक जीवन के लिये अनिवार्य हैं। हमारी भौतिक आवश्यकताएँ तो अवश्य पूरी होनी चाहिए, लेकिन एकमात्र अथवा सीमा के बाद भौतिक वस्तुओं के पीछे दौड़ना अनुचित है।

(2) विकेन्द्रीकरण का सिद्धान्त–'विकेन्द्रीकरण' से आशय यह है कि सर्वोदयी समाज में यथासम्भव गृह-उद्योगों द्वारा ही उत्पादन होना चाहिए। पर सर्वोदय को इसमें कोई आपत्ति नहीं है कि मूल उद्योग बड़े पैमाने वाले हों। सर्वोदय की मुख्य आपत्ति तो इस बात पर है कि आज के आविष्कार समाज को क़ेन्द्रीयकरण की ओर ले जा रहे हैं, अतः दिशा-परिवर्तन होना चाहिए और ऐसे आविष्कारों को प्रोत्साहन मिलना चाहिए जो गृह उत्पादन को बढ़ाएँ और उन्हें अधिक कार्यक्षम बनायें। आज का बढ़ता हुआ केन्द्रीयकरण हर समाज और देश के लिये खतरनाक है।

(3) स्वावलम्बन का सिद्धान्त–'स्वावलम्बन' का अर्थ यह है कि "यथासम्भव गाँव या पास के गाँवों से मिलकर बने क्षेत्र को अपनी बुनियादी आवश्यकता में, अर्थात् भोजन, वस्त्र और घर के मामले में, स्वावलम्बी होना चाहिए। वैसे, कुछ वस्तुओं के लिये अनिवार्य होने पर क्षेत्र बड़ा अथवा प्रादेशिक भी हो सकता है।"

(4) सहयोग का सिद्धान्त–'सहयोग' सिद्धान्त का अर्थ है कि समाज में स्पर्द्धा का स्थान सहयोग को लेना चाहिए। कुटुम्ब का सहयोगी संस्था है और समाज को भी वैसा ही होना चाहिए। यह सहयोग ऊपर से थोपा गया न होकर स्वेच्छा से विकसित होना चाहिए।

स्पष्ट है कि सर्वोदय समाज की आर्थिक संरचना में क्रान्तिकारी परिवर्तन करना चाहता है। डॉ. टण्डन के शब्दों में, "सर्वोदयी समाज में यथासम्भव

गृह-उद्योग और छोटे उद्योग होंगे। ग्राम या छोटे-छोटे क्षेत्र अपनी बुनियादी आवश्यकताओं में स्वाश्रयी होंगे। इस समाज का रहन-सहन सादा होगा और स्पर्द्धा का स्थान सहयोग लेगा। इसके अतिरिक्त ग्रामों में भूमि पर स्वामित्व गाँवों का होगा, किन्तु यह किसानों की स्वेच्छा पर निर्भर करेगा कि वे सामूहिक खेती करते हैं अथवा सहकारी या व्यक्तिगत। ....सामुदायिक खेती चाहे हो या न हो, इतना अवश्य है कि गाँवों में एक ऐच्छिक सहकारी संस्था होगी और खेती के बहुत से काम सहकारिता के आधार पर होंगे। ग्राम पंचायत लगान वसूल करेगी और सरकार को देगी। विनोबा का विचार है कि लगान अनाज के रूप में लेना चाहिए। गाँव के कारीगरों तथा वैद्य जिसे जन-सेवकों को उत्पादन में से कुछ भाग मिलना चाहिए। गाँव की आमदनी का कुछ भाग गाँव के अनाथों, अपंगों तथा बूढ़ों को जीवन-खर्च के लिये दिया जाया करेगा अथवा संकट के काल में उसका उपयोग होगा। गाँव के विवाह गाँव के खर्चे से हुआ करेंगे। ऋण लेने की अनुमति किसी भी व्यक्ति को नहीं होगी। गाँवों में वहाँ के कच्चे माल से पक्का माल बनेगा और इस प्रकार गाँव का जीवन, खेती तथा उद्योग, दोनों पर निर्भर करेगा। बिक्री या खरीद के लिये गाँव में सहकारी दुकान होगी। अधिकांश उद्योगों में स्वामी ही कारीगर होगा। यदि कोई उद्योग परिवार की शक्ति के बाहर का है, तो उस पर आवश्यकतानुसार अधिकार ग्राम, क्षेत्र, प्रदेश या राष्ट्र का होगा और वही उसका संचालन करेगा। उनकी प्रबन्ध समितियों में मजदूरों के भी प्रतिनिधि होंगे। आधुनिक अर्थ-व्यवस्था के कारण नगरों की संख्या बढ़ रही है और उनकी आबादी में वृद्धि होती जा रही है। इससे समाजशास्त्रीय समस्याएँ उत्पन्न हो रही हैं। इन नगरों का सबसे बड़ा दोष यह है कि पड़ोसियों में न तो परस्पर परिचय होता है और न किसी प्रकार का सामुदायिक भावना। इनका वातावरण सर्वोदयी मूल्यों की स्थापना के प्रतिकूल पड़ता है। अतः सर्वोदय विचार नगरों के अनुकूल नहीं है। किन्तु इसका अर्थ यह नहीं है कि नगर समाप्त कर दिए जायेंगे। यह अवश्य है कि नए समाज में उनका मूल्य घट जायेगा और उनकी वृद्धि पर रोक लगेगी। बड़े-बड़े नगरों को भी यथासम्भव विकेन्द्रित करने की चेष्टा हो सकती है। ऐसा प्रतीत होता है कि सर्वोदयी समाज में छोटे कस्बों की संख्या में वृद्धि होगी। इसमें नागरिकों को वे सुविधाएँ प्राप्त होंगी जो आज बड़े नगरों में उपलब्ध है। इन छोटे कस्बों में सामुदायिक भावना का विकास हो सकेगा और उनमें से बहुत से वे अवगुण न होंगे। जिनके कारण आज नगरों का जीवन अभिशाप बनता जा रहा है।''

राजनीतिक संरचना

सर्वोदय समाज में आधुनिक राजनीतिक संगठन से सन्तुष्ट नहीं है। वह आज की प्रचलित लोकशाही को सही लोकशाही नहीं मानता, क्योंकि यह लोकशाही पुलिस और सेना पर ही आखिरी भरोसा रखती है। नागरिक केवल कहने के लिये मालिक है अन्यथा वास्तविक सत्ता थोड़े से ऊपर के लोगों और नौकरशाही के हाथ में केन्द्रित रहती है। अतः सर्वोदय इसके स्थान पर सच्ची लोकशाही स्थापित करना चाहता है जिसे उसने 'लोकनीति' की संज्ञा दी है। सर्वोदय चाहता है कि हमारी जीवन-पद्धति ऐसी हो कि हमें सही रास्ते पर रखने के लिये पुलिस, सेना आदि की जरूरत ही न पड़े या तो हम स्वयं से ही आचरण करें अथवा समाज की परम्पराएँ और जनमत हमें सही दिशा में चलने के लिये विवश करें। सामाजिक व्यवस्था ऐसी होनी चाहिए जिसमें यद्यपि व्यक्ति को अधिकतम स्वतन्त्रत प्राप्त हो, लेकिन वह उसका दुरूपयोग न करे। यह व्यवस्था ऐसी होनी चाहिए कि व्यक्ति में सद्प्रवृत्तियों को प्रोत्साहन मिले और बुरी प्रवृत्तियों का विरोध हो। लोकनीति का अर्थ यह भी हो कि सामाजिक परिवर्तन समझा-बुझाकर और हृदय-परिवर्तन द्वारा लाया जाए, बल प्रयोग या जोर-जबरदस्ती से नहीं।

लोकनीति की स्थापना के लिये सर्वोदय निम्न चार बातों का आवश्यक मानता है–

1. लोक-कल्याणकारी राज्य के स्थान पर लोक-कल्याणकारी समाज की प्रस्थापना हो अर्थात् जो सुविधाएँ नागरिकों को राज्य द्वारा मिलना अपेक्षित हैं, वे उन्हें अपनी ऐच्छिक संस्थाओं द्वारा प्राप्त हों। राज्य की सुविधा-सहायताएँ तो नागरिकों को पंगु बना देती है और उनके जीवन में राज्य का हस्तक्षेप भी बढ़ता है।
2. समाज में निर्णय लेने की प्रणाली बदली जानी चाहिए। प्रचलित बहुमत प्रणाली दोषपूर्ण है। निर्णय या तो सर्वसम्मति से लिये जाने चाहिए अथव किसी बड़े विशाल बहुमत से। इससे बहुमत और अल्पमत के झगड़े मिटेंगे और लोगों में यह प्रवृत्ति विकसित होगी कि समस्याओं पर अपने संकुचित स्वार्थ की दृष्टि से न देखकर सबके हित की दृष्टि से देखेंगे।
3. वर्तमान दलीय व्यवस्था को धीरे-धीरे समाप्त कर दिया जाना चाहिए, क्योंकि यह व्यवस्था आपसी मतभेदों को बढ़ाती है और इन्हीं के आधार पर जीवित रहती है। राजनीतिक दल सिद्धान्त और व्यवहार दोनों

दृष्टियों से अनुचित है। सिद्धान्त की दृष्टि से वह गलत इसलिए है कि उनका आधार ही यह है कि नागरिकों के हितों में विरोध होता है। अतः उनके मतों मे अन्तर रहेंगे ही। व्यवहार की दृष्टि से राजनीतिक दल इसलिए गलत है कि वे आपसी फूट को बढ़ाते हैं और दलीय अनुशासन के नाम पर व्यक्ति की अन्तरात्मा को कुचलकर अपनी सफलता के उचित-अनुचित तरीकों को अपनाते हैं।

4. सर्वोदयी प्रचलित निर्वाचन प्रणाली को दूषित मानते हैं, क्योंकि इसमें धन का अपव्यय होता है, शक्ति का अपव्यय होता है और अधिकशंतः साधारण कोटि के व्यक्ति ही चुने जाकर प्रकाश में आते हैं। सर्वोदय का विचार है कि "सबसे नीचे वाली पंचायतों को छोड़कर ऊपर की प्रतिनिधि संस्थाओं के लिये प्रतिनिधि या तो अप्रत्यक्ष चुनाव प्रणाली या किसी ऐसी संशोधित प्रत्यक्ष प्रणाली द्वारा चुने जाने चाहिए जिनमें प्रचलित प्रणाली के दोष न हो।' इस प्रकार की संशोधित प्रणाली का प्रस्ताव मुख्यतः जयप्रकाश नारायण का है। सर्वोदय का यह भी कहना है कि जनता को शासन में प्रत्यक्ष रूप से अधिकाधिक भाग लेने का अवसर मिलना चाहिए।

काका कालेलकर ने आचार्य विनोबा के विचारों का विश्लेषण करते हुए 'सर्वोदय समाज की रचना' को सारगर्भित रूप में इस प्रकार प्रस्तुत किया है–

"आइन्दा के लिये समाज-रचना नए ढंग से ही करनी होगी। धर्म भेद को महत्व नहीं दिया जाएगा। जाति भेद को तो तोड़ना ही होगा। लोगों में सामाजिकता, राष्ट्रीयता, उद्योगिता, सर्वोदय वृत्ति का पोषण पूरे वर्ग से करना होगा। प्राथमिक, माध्यमिक और उच्च्य शिक्षा का प्रचार गाँवों में इतनी मात्रा में होना चाहिए कि उच्च्य शिक्षा के लिये भी गांव वालों को शहरों की ओर न दौड़ना पड़ें। उत्तम रास्ते, उत्तम स्वच्छता, आरोग्य के लिये सब तरह की शिक्षा व सहायता गाँवों को मिलनी चाहिए। शहरों के दोष व दुर्गुण गाँवों में जोरों से फैल रहे हैं। उनको रोकने की कोशिश तो करनी ही चाहिए, लेकिन यक काम कष्ट-साध्य और काल-साध्य हैं। गाँवों का विकास इस तरह से होना चाहिए कि शहर और गाँव का भेद ही रहने न पाए। यातायात के साधन बढ़ते जायेंगे। शिक्षा और संस्कारिता का प्रचार जोरों से होगा। नेता लोग सारे देश में सेवा-भाव से घूमते रहेंगे। ग्रामोद्योग का आधुनिक ढंग से विकास होगा और सच्चे स्वराज्य का आध्यात्मिक वायुमण्डल सर्वोदय के द्वारा समस्त प्रजा में फैल जायेगा। तब ग्राम-युग की स्थापना होगी। इसके लिये आज के बड़े-बड़े शहरों

को यथासम्भव आत्म-बलिदान करना पड़ेगा और तब जाकर अहिंसक समाज की स्थापना सारी दुनिया में हो सकेगी। इसमें यन्त्रोंद्योगों का विरोध नहीं, नाश नहीं, नियन्त्रण करना पड़ेगा, ताकि यन्त्र ही मनुष्य जीवन पर सवार न हो जायें। पूर्व तैयारी के बिना राजसत्ता का विकेन्द्रीकरण करने से लाभ नहीं होगा। शुद्ध, समृद्ध, समर्थ और सुखी जीवन को केन्द्रित करना है—वही होगा सर्वोदय।''

सर्वोदयी समाज की सामाजिक, आर्थिक और राजनीतिक संरचना का जो चित्र प्रस्तुत किया गया है, उससे हमारे समक्ष सर्वोदय के प्रमुख आधार स्पष्ट है—

1. अहिंसा,
2. विवेकपूर्ण समानता,
3. शरीर-श्रम और अपरिगह,
4. सादा और सरल जीवन,
5. विकेन्द्रीकरण,
6. स्वावलम्बन और सहयोग,
7. आर्थिक समानता,
8. कुटीर एवं ग्रामोद्योग की प्रधानता,
9. आवश्यकता से अधिक वस्तुओं का रखना समाज के दूसरे लोगों को उन वस्तुओं से वंचित करना है। उचित यही है कि प्रत्येक व्यक्ति अपनी सम्पत्ति का अपने को स्वामी न मानकर ट्रस्टी समझे तथा सार्वजनिक हित को ध्यान में रखते हुए ही उसका उपभोग करें।

सर्वोदय और अन्तर्राष्ट्रीयता

सर्वोदय व्यक्तिगत और राष्ट्रीय जीवन की भाँति अन्तर्राष्ट्रीय क्षेत्र में भी सत्य और अहिंसा के उपयोग का समर्थक है। सन्त विनोबा ने 'जयहिन्द' के स्थान पर 'जय जगत' का नारा दिया। जिस प्रकार किसी समाज के व्यक्ति-सदस्यों के हितों में कोई विरोध नहीं है, वैसा ही राष्ट्रों के बारे में है। सर्वोदय के अनुसार इस प्रकार की धारणा अनुचित है कि देश में राजनय (Diplomacy) को राष्ट्रीय हितों के स्वार्थों को ध्यान में रखते हुए वैदेशिक नीति में परिवर्तन करते रहना चाहिए। सर्वोदय की दृष्टि में ऐसा विचार संकीर्ण और अदूरदर्शी है जिससे न तो देश का ही कल्याण होगा न जगत का ही। महात्मा गाँधी ने एक बार कहा था कि—''हम अपने देश के लिये स्वतन्त्रता चाहते हैं, पर दूसरों का शोषण करके या उन्हें हानि पहुँचाकर नहीं। ......मेरे देश को स्वतन्त्र होना चाहिए जिससे यदि आवश्यकता हो,

तो संसार के लाभ के लिये मर सके। .....राष्ट्रीयता को मेरी धारणा यह है कि मेरा देश इसलिए मर सके कि मानव जाति जीवित रह सके। इसमें जाति-द्वेष के लिये स्थान नहीं है।'' गाँधी का यह वचन सर्वोदय का एक आधारभूत सिद्धान्त है जो संकीर्ण राष्ट्रीयता का आने पास फटकने तक नहीं देता। सन्त विनोबा ने एक ऐसे अन्तर्राष्ट्रीय समाज की कल्पना की है जिसमें मानव निर्मित दीवारें नहीं होंगी और लोगों को दूसरे देशों में जाने, अध्ययन और व्यापार करने की उसी प्रकार छूट होगी जैसे कि नागरिकों को अपने देश में प्राप्त है। सन्त विनोबा एक विश्व-सरकार के भी समर्थक थे पर उनकी कल्पना के अनुसार ऐसी विश्व सरकार के पास न तो सेना होगी और न पुलिस। उसके हाथ में अधिकतम नैतिक सत्ता और न्यूनतम भौतिक सत्ता होगी। वह दुनिया के चुने हुए नीतिशास्त्र सम्पन्न और राग-द्वेष रहित ज्ञानियों की सरकार होगी जो लोगों को सलाह दिया करेगी। उस सलाह में परिस्थितियों के अनुसार अन्तर करने का अधिकार लोगों को रहेगा। जगह-जगह का कारोबार वहीं के लोग देखेंगे। इन ज्ञानियों की बैठक किसी केन्द्रीय स्थान पर हुआ करेगी। उनके परामर्श के पीछे उस आदर और प्रतिष्ठा का बल होगा जो उनकी नैतिक श्रेष्ठता तथा ज्ञान के कारण उसको प्राप्त होगी। इसी प्रकार का एक विश्व न्यायालय भी होगा जो राष्ट्रों के पारस्परिक झगड़ों का निपटारा किया करेगा। विनोबाजी को पूर्ण विश्वास था कि विश्व-पंचायत की स्थापना अवश्य होगी और फिर संसार में केवल इस विश्व-पंचायत का महत्व रह जायेगा। बीच की पंचायतों अर्थात् प्रदेश तथा राष्ट्र-पंचायतों का महत्व धीरे-धीरे घट जायेगा।''

विनोबा सर्वोदय के सार्वभौम विकास के आकाँक्षी थे। जब यह तत्त्व दुनिया में फैलेगा तब समाज में सत्तावाद और साम्यवाद दोनों अन्तर्मुख बन जायेंगे। तब राजनीति गौण हो जायेगी और उसके बजाय लोकनीति काम करने लगेगी। सर्वोदय का सबसे बड़ा और मंगलकारी रूप तब सिद्ध होगा जब गोरे, काले, लाल, पीले और साँवले सब वंश अपने-अपने भेद भूलकर, ऊँच-नीच का भाव त्यागकर एक कुटुम्ब के समान एक साथ रहने लगेंगे। पिछड़े हुए राष्ट्रों का, पिछड़े हुए वंशों का सबसे अधिक विकास होने लगेगा और इस प्रकार सर्वोदय में से विश्व-कुटुम्ब-वृत्ति पैदा होगी।''

भारत में सर्वोदय का कार्यक्रम

भारत में सर्वोदय विचारधारा का जन्म हुआ और भारत को ही सर्वोदयी कार्यकर्त्ताओं की प्रयोगशाला बना हुआ है। सर्वोदय कार्यक्रम यद्यपि अत्यन्त

व्यापक और बहुसूत्री है तथापि मोटे रूप में उसका निर्धारण इस प्रकार किया गया है—

1. साम्प्रदायिक एकता,
2. अस्पृश्यता निवारण,
3. जाति-भेद निराकरण,
4. नशाबन्दी,
5. खादी एवं ग्रामोद्योग,
6. ग्राम सभाएँ,
7. नई तालीम,
8. सर्वत्र समानाधिकार की प्रतिष्ठा,
10. आरोग्यता और स्वच्छता,
11. देश की भाषाओं का विकास,
12. प्रान्तीय संकीर्णता की समाप्ति,
13. हिन्दुस्तानी का राष्ट्रभाषा के तौर पर प्रचार,
14. आर्थिक समानता,
15. खेती की तरक्की,
16. मजदूर संगठन,
17. आदि जातियों की सेवा,
18. विद्यार्थी संगठन,
19. कुष्ठ रोगियों की सेवा,
20. संकट निवारण और दुखियों की सेवा,
21. गौ सेवा,
22. प्राकृतिक चिकित्सा,
23. इसी प्रकार के सार्वजनिक कल्याण के विविध कार्य।

सर्वोदय समाज की स्थापना के लिये सन्त विनोबा और उनके सहयोगियों ने जो क्रान्तिकारी रचनात्मक कदम भारत में उठाए, उनमें प्रमुख भू-दान यज्ञ, ग्राम-दान, सम्पत्ति-दान, श्रम-दान, बुद्धि-दान आदि है। भू-दान यज्ञ का अभिप्राय केवल भूमिपतियों से कुछ भूमि लेकर उसे भूमिहीनों में वितरित करना मात्र नहीं है, वरन् यह तो एक आर्थिक और सामाजिक क्रान्ति लाने का गाँधीवादी मार्ग है। जयप्रकाशजी के शब्दों में, ''यह एक नवीन जीवन पद्धति का सिद्धान्त और व्यवहार तथा एक नवीन सामाजिक दर्शन है।'' व्यक्ति भू-दान यह मानकर

चलता है कि समस्त भूमि परमात्मा की है तो भूमि के प्रति उसके अनुराग और उसके स्वामित्व में उसके अभिमान की भावना में निश्चित रूप से कमी हो जायेगी। इस तरह सच्चे हृदय परिवर्तन की एक लहर व्याप्त होगी जो नवीन सर्वोदय समाज की स्थापना कर सकेगी। काका कालेलकर ने ठीक ही लिखा है कि भूमिहीनों के लिये भूमि प्राप्त करके सर्वोदयी नेता टूटे हृदयों को भारत से जोड़ देने और प्रत्येक ग्राम की जनता में सामाजिक चेतना जगा देने की प्रयत्नशील है। भू-दान सामाजिक, राजनीतिक और आर्थिक–सभी प्रकार की एक शान्तिपूर्वक समग्र क्रान्ति की ओर ठोस कदम है। यह धन-संचय की उस भावना की जड़ काटना चाहता है जिस पर वर्तमान विषम सामाजिक व्यवस्था टिकी हुई है। यह विचार समाजवादियों और साम्यवादियों के लिये एक सबक है जो पूँजीपतियों के विरूद्ध श्रमजीवी वर्ग को उकसाते हैं और वर्ग-संघर्ष को पोषित करते हैं। भू-दान एक अंहिसात्मक सामाजिक क्रान्ति है जिसकी पृष्ठभूमि में विकेन्द्रीकरण और स्वावलम्बन की भावनाएँ निहित है।

व्यक्तिगत स्वामित्व के स्थान पर सामूहिक स्वामित्व स्थापित करने के लक्ष्य की पूर्ति के लिये ग्रामदान आन्दोलन चलाया गया। इसका अभिप्राय यह है कि ग्राम के सभी व्यक्ति अपनी समस्त भूमि को सम्पूर्ण ग्राम के लिये समर्पित कर देते हैं और इस प्रकार भूमि पर व्यक्तिगत स्वामित्व के स्थान पर समग्र समाज का स्वामित्व स्थापित हो जाता है। वह सम्पूर्ण भूमि ग्रामवासी सभी परिवारों में उसकी अपनी-अपनी आवश्यकताओं के अनुरूप वितरित कर दी जाती है। प्रत्येक परिवार अपने हिस्से की भूमि पर खेती करता है तथा आवश्यकतानुसार अन्य परिवारों की सहायता ले सकता है। प्रत्येक व्यक्ति अथवा परिवार जो भी कार्य करता है वह अपने लिये नहीं बल्कि सम्पूर्ण समाज के लिये करता है। सम्पूर्ण भूमि की कुल उपज का एक भाग शिक्षा, निराश्रितों की सहायता, विवाह जैसे सामान्य आवश्यकताओं के लिये अलग उठाकर रख दिया जाता है। संक्षेप में, पूरा गाँव एक सुगठित आदर्श परिवार का रूप धारण कर लेता है जिसमें यह सिद्धान्त प्रभावशाली होता है–"प्रत्येक से उसकी शक्ति के अनुसार लो और प्रत्येक को उसकी आवश्यकतानुसार दो।" ग्रामदान में कुटीर उद्योगों पर विशेष बल दिया जाता है और प्रयत्न यही होता है कि गाँव यथाशीघ्र आत्म निर्भर बन जायें।

सम्पत्ति दान आन्दोलन में समाज के उन भाइयों से अपील की जाती है कि जो एक वर्गहीन सर्वोदयी समाज की स्थापना के लिये भूमि के स्थान पर सम्पत्ति दान रूप में दे सकते हैं। आचार्य विनोबा का विश्वास था कि भू-दान

और ग्रामदान गाँवों में सामाजिक आर्थिक क्रान्ति लायेंगे और नगरों में यह क्रान्ति सम्पत्ति दान द्वारा होगी। सर्वोदय का सन्देश है कि नगरों के लोग अपनी व्यक्तिगत आवश्यकताओं की पूर्ति के बाद अपने शेष धन का प्रयोग सम्पूर्ण समाज के लिये करें और स्वयं को उस धन का ट्रस्टी समझें। ऐसा करने से धन देने वालों और लेने वालों के बीच आत्मीयता के सम्बन्ध विकसित हो जायेंगे। इस हृदय परिवर्तन से समाज में एक प्रबल, सुधार क्रान्ति आ सकेगी। यह उल्लेखनीय है कि 'दान' शब्द सर्वोदय क्रान्ति का एक अंग है जिसके साथ यह शर्त जुड़ी हुई है कि शुभ साधनों से कमाई हुई सम्पत्ति आदि का दान हो सकता है, असद् तरीकों से कमाए हुए धन को नहीं। श्रम-दान आन्दोलन उन लोगों के लिये है जो न तो भूमि ही दान में दे सकते हैं और न ही सम्पत्ति। सर्वोदय चाहता है कि निर्धन वर्ग सर्वसाधारण के कल्याण के लिये अपनी मेहनत ही दान के रूप में दें। सन्त विनोबा ने अपने क्रान्तिकारी कार्यक्रम में बुद्धिजीवी वर्ग को भी नहीं छोड़ा है। उनका कहना था कि समाज का बुद्धिमान वर्ग लोकोपकार के लिये अपनी बुद्धि और ज्ञान का व्यय करे। उदाहरणार्थ अध्यापकों का कर्त्तव्य है कि वे अशिक्षितों को साक्षर बनायें, वकीलों का कर्त्तव्य है कि वे असहायों के बिना किसी मेहनताने की सहायता करें और डॉक्टरों को चाहिए कि वे दुःखी भाईयों का मुफ्त इलाज करें। जीवन-दान आन्दोलन में व्यक्ति सर्वोदय समाज का सदस्य बनकर समाज की सेवा के लिये अपना सम्पूर्ण जीवन अर्पित कर देता है। वास्तव में इन विभिन्न प्रकार के दान आन्दोलनों द्वारा विनोबा व्यक्ति को समाज हित के लिये वह सब कुछ दे देने को प्रेरित करना चाहते हैं जो वास्तव में समाज का ही है।

जयप्रकाश नारायण का पत्र विनोबा भावे के नाम

तत्कालीन राष्ट्रपति राजेंद्र बाबू का मन राजनीति से भर चुका था। अब वह समाजसेवा करना चाहते थे। इसी विषय पर राय-मशविरा के लिए उन्होंने जयप्रकाश नारायण को अपने पास बुलाया और उनके सामने अपनी मनोस्थिति रखी। राजेंद्र बाबू भू-दान आंदोलन से जुड़ना चाहते थे और उन्होंने जयप्रकाश से कहा कि हमारे विचारों से बाबा को अवगत करा दो। इस बारे में राजेंद्र बाबू ने नेहरू जी से भी सलाह मांगी थी लेकिन नेहरू जी ने इससे असहमति जताई। इसी सिलसिले में जयप्रकाश नारायण ने विनोबा भावे को यह पत्र लिखा।

(विषयः राजेंद्र बाबू का पैगाम विनोबा भावे को वाया जयप्रकाश)

जुहू, बंबई, 29 अप्रैल, 1955

पूज्य बाबा,

बाबूजी (राजेंद्र बाबू) से मिलने के बाद आपको लिखना था, लेकिन कई दिन निकल गए। ऐसे कुछ जल्दी भी नहीं थी। उनके मन में द्वंद चल रहा है। बल्कि यह कहना उचित होगा कि उनके मन का झुकाव शायद जोरदार झुकाव-पद से अलग हो जाने का ही है लेकिन अभी अंतिम निश्चय नहीं किया है। मुझे खासतौर से यह समझने के लिए बुलाया था कि यदि वह छोड़कर आ जाएं तो भू-दान आंदोलन में क्या करेंगे। कहते थे कि यद्यपि भू-दान के महत्व को समझता हूं उसके लिए अंदर से वही भाव नहीं उठते जो तुम लोगों में पाता हूं। उत्तर में मैंने कहा कि यह कोई अपेक्षा नहीं रखेगा कि आप गांव-गांव घूमेंगे। आपका बाहर आकर आंदोलन को समर्थन करना, भू-दान समितियों के कार्यों में भाग लेना ही काफी होगा। मैंने यह भी कहा कि सभी लोग चाहेंगे कि आप सर्व सेवा संघ का अध्यक्ष पद संभालें और उसका संचालन करें। सारी रचनात्मक प्रवृत्तियों का मार्गदर्शन भी करना है। सर्वोदय आंदोलन में ऊंचे चित्रक इने-गिने हैं। आपके आ जाने से इस चित्राधारा को बड़ा बल मिलेगा। गांधी परिवार को अपना पिता मिल जाएगा इत्यादि। उन्होंने सब ध्यान से सुना। चलते समय मैंने पूछा कि बाबा को क्या लिख दूंगा। बोले जो बातचीत हुई है वह लिख देना। बातचीत के दौरान में बाबूजी ने बताया (शायद आपसे भी कहा हो) कि पिछली 26 जनवरी को ही उन्होंने जवाहरलाल जी के लिए एक पत्र लिखा था जिसमें अपना यह अभिप्राय व्यक्त किया था कि अगले बजट सत्र के बाद वह अपने पद से अलग हो जाना चाहेंगे। उस समय तक (यानि मई के अंत तक) उनके पांच वर्ष पूरे हो जाएंगे लेकिन वह पत्र मेरी बातचीत के समय तक पंडित जी को भेजा नहीं गया था। यद्यपि उन्होंने ऐसा कुछ नहीं कहा फिर भी मैं यह असर लेकर आया कि अब शीघ्र ही पंडित जी को इस विषय में लिखेंगे। जब मुझसे बातें हुई थीं तब तक उन्होंने अपने परिवार के लोगों से इस बात की कोई चर्चा नहीं की थी। अभी हाल में वह पटना गए थे शायद उस अवसर पर बातें हुई हों।

सप्रेम प्रणाम के साथ

(जयप्रकाश)

सर्वोदय और दलविहीन लोकतन्त्र

सन्त विनोबा और अन्य सर्वोदयी विचारक आधुनिक लोकतन्त्र को बहुत दूषित और अस्वस्थ मानते थे। "दलगत राजनीति पर आधारित शासन-व्यवस्था में सभी का कल्याण-सर्वोदय एक मृग-मरीचिका सदृश है। सर्वोदय के लिये इससे भिन्न व्यवस्था अपेक्षित है। इसके लिये जन-उपक्रम तथा जन-शक्ति के संवर्धन की आवश्कयता है। सर्वोदयी विचाराकों के अनुसार राज्य की दबावकारी शक्ति के स्थान पर सहयोग की राजनीति की प्रतिस्थापना में वास्तविक स्वराज्य की उपलब्धि हो सकती है।" सर्वोदयी विचाकर दल-विहीन लोकतन्त्र की स्थापना के पक्ष में है। अग्रिम पंक्तियों में हम सर्वप्रथम सर्वोदयी विचारकों द्वारा आधुनिक लोकतन्त्र के आलोचना-बिन्दुओं को लेंगे और तत्पश्चात् यह देखेंगे कि दल-विहीन लोकतन्त्र के आदर्श को साकार करने के लिये वे किन पद्धतियों पर बल देते हैं।

आधुनिक लोकतन्त्र का विरोध

1. विनोबा का आरोप है कि आधुनिक लोकतन्त्र सिर्फ कहने के लिये जनता का शासन है, अन्यथा वास्तविक शासन तो इने-गिने लोगों के हाथों में ही केन्द्रित है। आम निर्वाचनों में देश के कुल मतदाता प्रायः भाग नहीं लेते। जो दल सत्तारूढ़ होता है उसे कुल मतदाताओं का बहुमत नहीं मिल पाता अपितु प्रायः तीस-पैंतीस प्रतिशत या कुछ अधिक के बहुमत पर वह शासन-सत्ता सम्भाल लेता है। यदि शासक दल में पाए जाने वाले मतदाताओं को भी हम शामिल कर लें तब तो कुल मतों के प्रतिशत का अनुपात और भी कम रह जाता है। अन्तिम विश्लेषण में, प्रधानमंत्री और उसके मन्त्रिमण्डल को निर्वाचक-मण्डल के वस्तुतः एक बहुत ही छोटे वर्ग का समर्थन प्राप्त होता है। इस प्रकार उन्हें जनता का वास्तविक प्रतिनिधि कहना भ्रामक है। अन्तिम रूप में आधुनिक लोकतन्त्र एक छोटे से समूह का शासन बन गया है, जनता का अथवा बहुमत का शासन नहीं है।
2. आधुनिक लोकतन्त्र प्राचीनकालीन राजतन्त्रीय शासन से कुछ अधिक भिन्न नहीं है। पहले के राजा और उसके मन्त्री जनहित का ध्यान रखते थे तो शासन को अच्छा समझा जाता था, अन्यथा बुरा। आज भी बहुत कुछ यही स्थिति है। यदि मन्त्रिमण्डल न्यायप्रिय और जनहित में शासन करने वाला है तो शासन का स्वरूप अच्छा बना रहता है, अन्यथा नहीं।

दुर्भाग्यवश आधुनिक मन्त्रिमण्डलों का नैतिक स्तर बड़ा गिरा हुआ होता है। मंत्री सत्ताप्रिय तो होते हैं पर जनहित की उन्हें प्रायः परवाह नहीं होती। संसदीय लोकतंत्र में राजनीतिक शक्ति-प्राप्ति की स्पर्धा भ्रष्टाचार और कुत्सित आचरण को प्रोत्साहन देती है। सर्वोदयी विचारक गाँधी के उस कथन से सहमति प्रकट करते हैं कि जिसमें उन्होंने संसद् की तुलना बाँझ स्त्री तथा वैश्या से की है।

3. विनोबा और उनके सर्वोदयी साथियों ने आधुनिक लोकतन्त्रों के राजनीतिक दलों का भी विरोध किया है। आज का लोकतन्त्र राजनीतिक दलों के बन्धन में मुख्यतः इसीलिए बँधा हुआ है कि समाज में ऐसे उदात्त व्यक्तियों का अभाव है जिनके कार्य और विचार सर्वोदय-भावना से प्रेरित हों और जो बिना किसी बाह्य शक्ति के दबाव के स्वतन्त्र रूप से निर्णय ले सकें। स्वशासित प्रतिनिधियों का अभाव जनता को किसी न किसी दल का आश्रय लेने को प्रेरित करता है। दलगत राजनीति देश और जनता के कल्याण की अपेक्षा दलीय कल्याण की चिन्ता करती है। दलगत राजनीति में जनता का चारित्रिक पतन होता है। जनता को स्वतन्त्र मनन, विचार और अभिव्यक्ति का वातावरण नहीं मिलता। जयप्रकाश नारायण ने इस बात पर विस्तार से प्रकाश डाला है कि वर्तमान दलीय पद्धति समाज के वातावरण को किस प्रकार दूषित कर देती है। सन्त विनोबा ने कहा है कि जहाँ दलीय राजनीति का बोलबाला है, वहाँ एक दल सत्ता-सूत्र को अपने हाथों में रखता है और दूसरा दल सत्ता-सूत्र से वंचित रहता है। फलस्वरूप दोनों में संघर्ष की स्थिति बनी रहती है। दलगत राजनीति जनता के साहस पर कुठाराघात करती है। जनता अपने प्रतिनिधियों को अपना स्वामी समझ बैठी है। विचित्र परिस्थिति है कि स्वामी स्वयं सेवक का सेवक बन गया है। सर्वोदय, ग्रामदान, शान्ति सेना ये सभी बतलाते हैं कि हमें अपना कार्य स्वयं करना चाहिए, हम किसी दल-विशेष को मत देकर अपने-आपको सत्ता के अधीन कर देते हैं। जन-उपक्रम और जन-शक्ति के सवंर्धन के लिये हमें राजनीतिक दलों से मुक्ति पानी होगी।

4. सर्वोदय वर्तमान चुनाव-युद्ध को भी अस्वस्थ और अनुचित मानता है। अप्रत्यक्ष लोकतन्त्र में चुनाव दलीय आधार पर लड़े जाते हैं। फलस्वरूप मनुष्य की मनोवृत्ति बँट जाती है, उसका सम्प्रदाय बन जाता है और फिर नागरिकता उम्मीदवारी में परिणित हो जाती है। सन्त विनोबा के ही शब्दों

में ''चुनाव लड़ा जाता है। अमेरिका वाले कहते हैं, मैं चुनाव में दौड़ रहा हूँ। वह उस चुनाव को रेस-घुड़दौड़ समझ रहा है। कोई उसे दौड़ समझता है कोई कुश्ती। परन्तु चुनाव लड़ रहा हूँ ऐसा मत कहो–चुनाव खेल रहा हूँ, ऐसा कहो। इससे व्यक्ति की मनोवृत्ति में अन्तर आ जायेगा और पारस्परिक कटुता नहीं फैलेगी।'' सर्वोदयी नेताओं का कहना है कि चुनावों ने जातिवाद, फूट आदि का पोषण किया है। आज के चुनावों में धनिक व्यक्ति ही भाग ले सकते हैं, अतः निर्धनों और मूक लोगों की कोई आवाज नहीं होती। आज के चुनावों ने समाज की अल्पसंख्यक और बहुसंख्यक के वर्ग-भेद तीव्र कर दिए हैं। जो चुनाव समाज में विभाजन पैदा करते हैं, सामाजिक उत्थान में कोई योग नहीं देते, उनके बल पर समाज की पुनर्रचना कभी सम्भव नहीं है।

5. सर्वोदयी नेता आधुनिक व्यवस्थापन के भी विरूद्ध हैं। आधुनिक व्यवस्थापन तो देहली से आने वाली आज्ञाएँ हैं जिनका पालन प्रत्येक कीमत पर किया जाना चाहिए। विनोबा भावे का कहना था कि हृदय-परिवर्तन के अभाव में ऐसे व्यवस्थापन का कोई महत्व नहीं है। समर्थक कहते हैं कि समाज-सुधारों के क्षेत्र में कानून नेतृत्व करता है, यह जनता को शिक्षित करता है और सही वातावरण के निर्माण में सहायता देता है और विनोबा का कहना है कि इस व्यवस्थापन के पीछे जो दमनकारी शक्ति होती है वह गलत है। भय और दमन की स्थिति को समाप्त करके ही हम सर्वोदयी समाज की ओर बढ़ सकते हैं।

दलविहीन लोकतन्त्र कैसे लाएँ?

सर्वोदयी विचारकों के अनुसार दल-विहीन का आदर्श तभी साक्षात्कृत किया जा सकता है जबकि भू-दान आन्दोलन पूर्णतः सफल हो जाये। किन्तु आवश्यकता इस बात की है कि इस दिशा में अविलम्ब कुछ कदम उठाए जायें। दल-विहीन लोकतन्त्र को साकार करने के लिये निम्न चार प्रमुख पद्धतियों सुझाई गई हैं–

1. भारत के लाखों गाँवों में इस बात का प्रयत्न किया जाना चाहिए कि ''जिन कार्यकर्त्ताओं को गाँव के सभी निवासी सर्वसम्मति से अपना सर्वोत्तम सेवक समझते हों उन्हीं के नमा निर्देशित किए जायें। ये कार्यकर्त्ता ग्राम पंचायत के सदस्य होंगे। यह नाम-निर्देशन इस बात को व्यक्त करेगा कि इन कार्यकर्त्ताओं ने गाँव की जनता का विश्वास प्राप्त कर लिया है।

भू-दान, ग्रामदान आदि की विभिन्न पद्धतियाँ गाँवों की सामूहिक भावना को पुनः स्थापित करने के ठोस और जीवित साधन हैं। जब ग्रामवासी सर्वसम्मति से पंचायत के सदस्यों को नाम-निर्देशित करेंगे और इस कार्य में दलों की परम्परागत कार्य-पद्धति से काम नहीं नहीं लिया जायेगा तो इससे सामुदायिक विकास के काम में सहायता मिलेगी। जिस पद्धति से गाँव के स्तर पर कार्य लिया जायेगा, उसी का उच्च स्तरों पर भी प्रयोग होगा। थाना पंचायत को ग्राम पंचायत के सदस्य चुनेंगे, जिला पंचायत थाना पंचायत के सदस्यों द्वारा चुनी जाएगी। प्रान्तीय प्रशासन तथा केन्द्रीय प्रशासन की रचना भी इसी सिद्धान्त के आधार पर होगी।" विनोबा भावे का कहना है कि "भौतिक शक्ति गाँवों में निवास करेगी और नैतिक शक्ति का प्रयोग केन्द्रीय सरकार करेगी।" दल-विहीन लोकतन्त्र को साक्षात्कृत करने का यह सुझाव 'संस्थात्मक उपाय' है।

इस उपाय पर टिप्पणी करते हुए डॉ. वर्मा ने लिखा है कि इसमें दो महत्वपूर्ण सिद्धान्त दिखाई देते हैं—प्रथम, इसके अन्तर्गत दलीय राजनीति तथा निर्वाचन की कार्य-पद्धति के स्थान पर सामुदायिक सर्वसम्मति को अपनाना है। बहुसंख्यकों के निर्णय के स्थान पर मतैक्य के सिद्धान्त को प्रतिष्ठित करना है। द्वितीय अप्रत्यक्ष नाम-निर्देशन की प्रणाली को कार्यान्वयन करना है। डॉ. वर्मा ने अप्रत्यक्ष नाम-निर्देशन अथवा अप्रत्यक्ष निर्वाचन के सिद्धान्त को दो दृष्टियों से दोषपूर्ण माना है—पहला मुख्य दोष यह है कि इससे व्यक्ति की नैतिक और राजनीतिक गरिमा को ठेस पहुँचेगी और दूसरा मुख्य दोष यह है कि विभिन्न पंचायतों को चुनने में भारी उलझनों तथा झंझटों का सामना करना पड़ेगा। "मेरी समझ में यह नहीं आता कि दलीय संगठनों के बिना उत्तर प्रदेश की पचास से अधिक जिला पंयायतों के लिये अपने उन सर्वश्रेष्ठ सेवकों को ढूँढ निकालना कैसे सम्भव हो सकेगा जिन्हें प्रान्तीय अथवा राज्यीय पंचायतों के लिये चुन सकें।"

2. दल-विहीन लोकतन्त्र के सिद्धान्त को साक्षात्कृत करने की एक दूसरी पद्धति यह सुझाई गई कि वर्तमान दलीय व्यवस्था को समाप्त किया जाये। "सर्वोदय का उद्देश्य ऐसे समाज की स्थापना करना है, जो दलों के रोग से मुक्त हो। वह वर्तमान दलीय राजनीति में हस्तक्षेप करने से इन्कार करता है। जो व्यक्ति अपने को सर्वोदय आन्दोलन के लिये अर्पित कर देता है वह किसी निर्वाचित पद को प्राप्त करने का प्रयत्न नहीं करेगा और न चुनावों में भाग ले सकेगा, लेकिन वह अपनी अन्तर्रात्मा के आदेशानुसार

मतदान कर सकता है।'' दल-विहीन लोकतन्त्र सर्वोदय आन्दोलन की चरम परिणति माना जाता है पर जब तक यह अन्तिम अवस्था नहीं आ जाती तब तक सर्वोदय-दर्शन में आस्था रखने वालों को मतदान के समय बड़ी बुद्धिमानी और सावधानी बरतनी होगी तथा उसी दल के सदस्य को मत देना होगा जो उनकी राय में जनता की सर्वोदय सेवा कर सकें।

3. दल-विहीन लोकतन्त्र को साक्षात्कृत करने की जो तीसरी पद्धति बताई गयी है। वह प्रारम्भिक अवस्थाओं के लिये है। तदनुसार यह अपेक्षित है कि विभिन्न राजनीतिक दलों को सर्वोदय का कार्य करने के लिये आमन्त्रित किया जाये और जहाँ तक वे सहयोग देने को तत्पर हों, वहाँ तक उनका सहयोग लिया जाये। इस प्रकार के सहयोग-मूलक कार्य से राजनीतिक दलों के कार्यकर्त्ताओं की समझ में आ जायेगा कि जिस सर्वव्यापी क्रान्ति का समर्थन सर्वोदय कर रहा है, उसे तत्काल सम्पादित करना कितना आवश्यक है। एक बार इस प्रकार की समझ उत्पन्न हो जाने के बाद सभी दल मिलकर सर्वोदय के आदर्श को साक्षात्कृत करने का संगठित प्रयत्न करेंगे। विनोबा ही के शब्दों में ''जहाँ तक विभिन्न राजनीतिक दलों के प्रति हमारी नीति का प्रश्न है, तो मेरा दृष्टिकोण यह है कि उन्हें भिन्न दलों के रूप में अपना अस्तित्व समाप्त कर देना चाहिए और सामान्य सम्मति से स्वीकृत कार्यक्रमों को पूरा करने के लिये अच्छे तथा निष्ठावान व्यक्तियों को एक संयुक्त मोर्चा बना लेना चाहिए। इस उद्देश्य से मैं जनता के सामने यह एक ऐसा कार्यक्रम रख रहा हूँ जो सबको स्वीकार हो सके और जिसमें सब लोग अपना मतभेद भूलकर सम्मिलित हो सकें। इससे राजनीतिक दल एक-दूसरे के निकट आएँगे और परिणाम यह होगा कि उनके मतभेद कम होंगे और सहमति तथा मेल-मिलाप की वृद्धि होगी। भू-दान इसी प्रकार का कार्यक्रम है। वह सबको स्वीकार्य है। उससे देश प्रगति के पथ पर अग्रसर होगा और इस प्रकार जन-शक्ति का विकास होगा।''

4. दलविहीन लोकतन्त्र के लिये चौथी पद्धति यह सुझाई गई है कि विधान-मण्डलों और संसद् में दलीय उग्रता तथा मतभेदों को समाप्त करने का प्रयत्न किया जाये। ''यदि विधायी निकायों के लिये दलीय टिकटों पर वर्तमान प्रणाली कायम भी रही तो भी यह व्यवस्था की जा सकती है कि विधानाँगों में प्रवेश के बाद प्रतिनिधिगण दलीय लगाव और दलीय भक्ति की भावना से मुक्त होने का प्रयत्न करें। वे दल के सदस्यों के रूप में मत

देने के बजाय राष्ट्र के प्रतिनिधियों के रूप में मतदान करें। वे अपने दल के सचेतक के आदेशानुसार कार्य न करके अपनी आत्मा के उच्च-न्यायालय के निर्णय का पालन करें। इस व्यवस्था के अन्तर्गत मन्त्रियों को दल के आधार पर नहीं चुना जाएगा। हर सदस्य से कहा जाएगा कि वह मन्त्रिपद के लिये नामों की एक सूची प्रस्तुत करें। उन नामों में से जिनको सबसे अधिक मत मिलेंगे, उन्हें चुन लिया जाएगा। डॉ. वर्मा की टिप्पणी है कि ''यह प्रस्ताव सुन्दर प्रतीत होता है, किन्तु शर्त यह है कि उसे क्रियान्वित किया जा सके। मुझे प्रस्ताव की व्यावहारिकता में भारी सन्देह है इसलिए इस समय मैं इसी पक्ष में हूँ कि मन्त्रिमण्डलों का निर्माण दलीय आधार पर किया जाये।''

सर्वोदयी विचारकों के इस आक्षेप से असहमत होना कठिन है कि दलीय पक्षपात, दलीय गुटबंदी आधुनिक लोकतन्त्र का सबसे बड़ा दोष है। लेकिन सर्वोदयी दलीय व्यवस्था को समाप्त करने का जो सुझाव देते हैं, वह व्यावहारिक प्रतीत नहीं होता। आवश्यकता दलीय पक्षपात को समाप्त करने की है, दलों को नहीं। डॉ. वर्मा का सुझाव है कि ''यदि सर्वोदयी कार्यकर्त्ताओं का आधुनिक दलीय राजनीति में विश्वास नहीं है, तो प्रशासकीय व्यवस्था के अन्तर्गत परामर्शदाताओं के रूप में काम कर सकते हैं। यह काम वे निजी रूप में कर सकते हैं। आधुनिक सभ्यता में जटिलताओं की वृद्धि के साथ-साथ परामर्श-परिषदों और परामर्श-निकायों का महत्व बहुत बढ़ गया है। इसलिए मेरा विचार है कि सर्वोदयी कार्यकर्त्ताओं के लिये यह अधिक अच्छा होगा कि वे हर प्रकार की राजनीति का परित्याग करने की अपेक्षा केन्द्र, प्रान्त, जिला, तालुका आदि सभी स्तरों पर परामर्श-परिषदों और परामर्श-निकायों के सदस्यों के रूप में कार्य करें। इस तरह का काम ठोस तात्कालिक महत्त्व का काम हो सकता है। मेरी धारणा है कि यदि शुद्ध कृषिक पुनर्निर्माण के कार्यों में सारी शक्ति लगा देने की अपेक्षा प्रशासन के संस्थागत तन्त्र में सुधार किया जाये तो उससे अधिक ठोस लाभ होगा। इसलिए मेरी सलाह है कि सर्वोदयी नेताओं को शुद्ध ग्रामीण कार्य-कलाप में तल्लीन न होकर प्रशासन की समस्याओं को सुलझाने का भी प्रयत्न करना चाहिए। यदि दृढ़ नैतिक चरित्र तथा त्यागवृत्ति के नेता राजनीतिक तथा प्रशासनिक सलाहकार बन जायें तो इस बात की सम्भावना हो सकती है कि भारतीय प्रशासन पर गाँधीजी की श्रेष्ठ शिक्षाओं का कुछ प्रभाव पड़ने लगे।''

उपसंहार

सर्वोदय का दर्शन सरल और स्पष्ट दर्शन है, पर साथ ही कठिन और जटिल भी है। यह दर्शन ''तत्त्वशास्त्रीय आधार पर राजनीतिक और सामाजिक पुनर्निर्माण की योजना को निर्मित करने का एक शक्तिशाली बौद्धिक प्रयत्न है जो गाँधीजी की अन्तदृष्टि पर आधारित है।'' सर्वोदय ने आधुनिक राजनीति में कपटपूर्ण व्यवहार को उजागर किया है और ''हमें राजनीतिक शक्ति में केन्द्रीयकरण तथा वैयक्तिक स्वतन्त्रता के शत्रुओं के विरूद्ध चेतावनी देकर हमारे नवजात लोकतान्त्रिक गणतन्त्र की महत्त्वपूर्ण सेवा की है।'' सर्वोदय वर्तमान राजनीति का कायल नहीं है। वह लोकनीति का पक्षपाती है। राजनीति में जहाँ शासन मुख्य है, वहाँ लोकनीति में अनुशासन। राजनीति में जहाँ सत्ता है, वहीं लोकनीति में स्वतन्त्रता। राजनीति में जहाँ नियन्त्रण मुख्य हैं, वहाँ लोकनीति में संयम। राजनीति में जहाँ सत्ता की स्पर्द्धा, अधिकारी की स्पर्द्धा मुख्य है, वहीं लोकनीति में कर्त्तव्यों का आचरण। सर्वोदय का क्रम यही है कि अनुशासन की ओर सत्ता से स्वतन्त्रता की ओर, नियन्त्रण से संयम की ओर और अधिकारों की स्पर्द्धा से कर्त्तव्यों के आचरण की ओर बढ़ो।

सर्वोदय के आदर्श की व्यावहारिकता पर सन्देह किया जाता है। इस दर्शन को 'स्वप्नलोकीय' तक कह दिया गया है। 'सर्वोदय समाज' की स्थापना कभी हो सकेगी, इसमें पूरा सन्देह प्रकट किया गया है, लेकिन क्या हम इस तथ्य से इन्कार कर सकते हैं कि सर्वोदय दर्शन नैतिक मूल्यों का 'जयघोष' करता है, आधुनिक लोकतन्त्र के दोषों को स्पष्ट करता है, इन दोषों को मिटाने के महत्त्वपूर्ण सुझाव प्रस्तुत करता है ? क्या हम इस बात को झूठला सकते हैं कि भू-दान आन्दोलन किसी अंश तक सफल हुआ है ? क्या हम इस सच्चाई से इन्कार कर सकते हैं कि हमने बहुतों का हृदय-परिवर्तन कर दिया है और अनेक लोगों ने सर्वोदय के यज्ञ में अपना जीवनदान ईमानदारी से दिया है ? जब ये बातें सच हैं तो हमें सर्वोदय की व्यावहारिकता पर सन्देह नहीं करना चाहिए। कमी इस बात की है कि सर्वोदय-दर्शन को व्यावहारिक जामा पहनाने के लिये कार्यकर्त्ताओं की एक बड़ी फौज चाहिए जो अभी तैयार नहीं हो सकी है। हजारों की संख्या में शान्ति सैनिक काम कर रहे हैं पर भारत जैसे विशाल देश में इनकी संख्या लाखों में होनी चाहिए। फिर सर्वोदय जिस प्रकार की सामाजिक और नैतिक क्रान्ति लाना चाहता है वह दो, पाँच या दस वर्षों में पूरी नहीं हो सकती,

उसके लिये लम्बे अर्से, धैर्य तथा निरन्तर प्रयत्न की आवश्यकता है। हम दादा धर्माधिकारी के इन शब्दों से असहमत नहीं हैं कि "सर्वोदय मानता है कि सबका उदय कोरा स्वप्न, कोरा आदर्श नहीं है। यह आदर्श व्यवहार्य है, यह अमल में लाया जा सकता है। सर्वोदय का आदर्श ऊँचा है, यह ठीक है, परन्तु न तो वह अप्राप्य है और न असाध्य है। यह प्रयत्नसाध्य है।" पुनश्च, "आज तीन प्रकार की सत्ताएँ चल रही हैं–राज्य-सत्ता, शास्त्र-सत्ता और धन-सत्ता, परन्तु जागतिक स्थिति ऐसी हो गई है कि इन सत्ताओं पर से लोगों का विश्वास उठता जा रहा है। आज सभी लोग किसी अन्य मानवीय शक्ति की खोज में हैं और यह मानवीय शक्ति सर्वोदय के माध्यम से ही विकसित हो सकती है।"

सर्वोदय-दर्शन की व्यावहारिकता पर टिप्पणी करते हुए डॉ. वर्मा ने लिखा है–"हो सकता है कि हम अनेक दशकों तक इस दर्शन को व्यावहारिक रूप न दे सकें, फिर भी मुझे सर्वोदय की इस धारणा से गम्भीर प्रेरणा मिली है कि लोकतन्त्र को वास्तविक स्वशासन की कला के रूप में प्रयुक्त करना हैं। बीसवीं शताब्दी में सम्भवतः यही एक ऐसा राजनीतिक दर्शन है जिसका आग्रह है लोकतन्त्र तथा करोड़ों लोगों के स्वशासन को वास्तविकता का रूप देना है। यदि हम दलीय अधिनायकत्व, राज्य के निरंकुशवाद तथा पुलिस के आधिपत्य की पुरानी रूढ़ियों से चिपके रहें तो उससे किसी श्रेष्ठ उद्देश्य के पूरे होने की सम्भावना नहीं है। इस गणराज्य के प्रत्येक नागरिक के लिये स्वराज्य तथा लोकतन्त्र को सुलभ बनाना है। इस देश का हर नागरिक, बल्कि सम्पूर्ण विश्व का हर नागरिक एक पवित्र सत्ता है। मैं सर्वोदयी राजनीतिक चिन्तन की सम्पूर्ण कार्यविधि तथा नीति-सूत्रों से सहमत नहीं हूँ, फिर भी उसका व्यक्ति के स्वशासन को वास्तव में साक्षात्कृत करने का आधारभूत तथा संकल्प प्रेरणादायक है। उसका स्वप्न निश्चय ही स्फूर्ति प्रदान करता है।"

सन्त विनोबा ने गाँधी के सर्वोदय-दर्शन को साकार रूप देने का अथक् प्रयत्न किया। उन्होंने गाँधी के क्रान्ति एवं शान्ति के सन्देश को जीवित रखने तथा उसे यथार्थ रूप देने में अपना जीवन समर्पित कर दिया। गाँधी के विचारों की आदर्शवादिता को रचनात्मक कार्यक्रम में परिवर्तित कर विनोबा ने अपने इस कथन की पुष्टि की कि गाँधी के विचार व्यवस्थित न होते हुए भी सही चिन्तन की शक्ति से युक्त है। सन्त विनोबा ने मानवता को प्रेम के नियम से प्रतिबद्ध करने का प्रयास किया। सामाजिक समानता और न्याय के प्रतीक विनोबा ने भू-दान, ग्रामदान आदि के द्वारा साम्यवाद का धार्मिक विकल्प प्रस्तुत किया।

4

विनोबा के भू-दान आंदोलन का स्वरूप

अहिंसा के प्रबल हिमायती और भू-दान आंदोलन के प्रणेता और संस्कृत के प्रकांड विद्वान थे आचार्य विनोबा भावे। उन्होंने समाज के धनाढ्य लोगों खासकर बड़े भूमिधरों को इस बात के लिए प्रेरित किया कि वे अपनी जमीन का छठवां हिस्सा उन लोगों को दान कर दें जिनके पास जमीन नहीं है ताकि उन्हें खेती के जरिए जीविकोपार्जन का सहारा मिल सके। उनका यह आंदोलन कुछ हद तक सफल भी रहा लेकिन राज्य सरकारों ने समय रहते उनके इस भू-दान आंदोलन को वाजिब तरजीह नहीं दी अन्यथा आज देश की तस्वीर कुछ और होती। शायद इस देश में किसी भी हिस्से में भूमिहीन नहीं होते। वैसी विषमता भी न होती जैसी आज है। उन्होंने वंचितों और दलितों के उत्थान के लिए कार्य करने में ही पूरी जिंदगी समर्पित कर दी। उनकी सेवाओं को देखते हुए सन 1983 में मरणोपरांत उन्हें भारत रत्न से नवाजा गया।

विनोबा भावे का असली नाम विनायक नरहरि भावे था। उनके दो भाइयों बाल्कोबा और शिवाजी ने भी समाज सेवा को ही जीवन अर्पित कर दिया। विनोबा 8 अप्रैल 1921 को महात्मा गांधी से मिलने पहुंचे। इससे पूर्व आठ साल तक वे महात्मा गांधी से पत्राचार करते रहे थे। गांधीजी से मुलाकात के बाद वे वर्धा में गांधी आश्रम की शुरुआत करने गए। वर्धा में उन्होंने अपने विचारों को विस्तार देने के उद्देश्य से मराठी में एक पत्रिका निकाली जिसका नाम था महाराष्ट्र धर्म। इसमें वे उपनिषदों पर निबंध लिखते थे ताकि उनका मर्म पाठकों तक पहुँचाया जा सके।

कुछ वर्षों में ही गांधीजी से उनके रिश्ते प्रगाढ़ बन गए। तब उन्होंने गांधीजी के रचनात्मक कार्यक्रमों को भी जनता के बीच में और प्रभावी ढंग से लागू करने का काम शुरू कर दिया। सन 1932 में ब्रिटिश हुकूमत ने उन्हें गिरफतार कर जेल भेज दिया। उन पर ब्रिटिश शासन की नीतियों के विरोध में काम करने का आरोप लगा। उन्हें छह महीने तक धुले के जेल में बंद रखा गया। इस दौरान उन्होंने जेल में बंद साथी कैदियों को भगवत गीता के प्रवचन मराठी में सुनाए। जेल में उन्होंने जो प्रवचन सुनाए थे उन्हें सनेहगुरुजी ने संग्रहीत कर लिया जो बाद में एक पुस्तक के रूप में प्रकाशित की गईं। सन् 1940 के पहले तक विनोबा भावेजी गांधीजी के अनुयायियों के बीच ही जाने जाते थे। 5 अक्टूबर 1940 को जब महात्मा गांधी ने उन्हें पहला वैयक्तिक सत्याग्रही घोषित किया तो पूरा देश उन्हें जान गया।

विनोबा भावे ने स्वतंत्रता आंदोलन में भी बढ़चढ़कर हिस्सा लिया। लेकिन उनकी पहचान आध्यात्मिक गुरु के रूप में रही। इसका कारण यह था कि वे

संस्कृत के प्रकांड विद्वान थे और स्वतंत्रता सेनानियों को आध्यात्मिक रूप से जागरूक करने के कार्य में ही लगे रहते थे। समाज के वंचित तबको की पीड़ा उन्हें बहुत सालती थी। वे हमेशा वंचितों के हितों की पैरवी करते रहते थे। उन्होंने वंचितों के हितों को ध्यान में रखकर ही भू-दान आंदोलन शुरू किया। इसके तहत उन्होंने बड़े भूमिधरों का यह आह्वान किया कि वे अपनी जमीन का कुछ हिस्सा वंचितों को दान कर दें ताकि वे खेती कार अपने परिवार का जीविकोपार्जन कर सकें। उनके इस आंदोलन से हजारों लोग जुड़ें। बहुत से लोगों को जमीन मिली लेकिन कालांतर में यह आंदोलन जारी न रह सका। इसके पीछे प्रदेश सरकारों की उदासीनता को भी एक प्रमुख कारण माना जाता है।

भू-दान आंदोलन और वंचितों के हित में किए गए कार्यों की वजह से विनोबा भावे को सन् 1958 रैमन मैगसेसे अवार्ड प्रदान किया गया। यह पुरस्कार हासिल करने वाले वे पहले भारतीय थे। विनोबा भावे कुछ समय तक महात्मा गांधी के साबरमती स्थित आश्रम में भी रुके थे। वहां विनोबाजी के नाम पर एक कुटिया का निर्माण किया गया था जिसमें वे रहा करते थे। विनोबाजी ब्रह्मचर्य के सिद्धांतों में अटूट आस्था रखते थे। इसका उन्होंने ताउम्र पालन किया। उन्होंने भारत छोड़ो आंदोलन में भी प्रमुखता से हिस्सा लिया। वे विभिन्न धर्मों के सिद्धांतों में भी आस्था रखते थे। उनका मानना था कि सारे धर्मों का सार है ओम तत्सत। उन्होंने लोगों को समझाया कि उनकी सारी समस्याओं का हल उनकी आध्यात्मिक सुदृढ़ता से मिल सकता है।

वंचितों के उत्थान के लिए उन्होंने सर्वोदय आंदोलन की शुरुआत की जो काफी लोकप्रिय हुआ। 18 अप्रैल 1851 को उन्होंने पोचमपल्ली से भू-दान आंदोलन की शुरुआत की। इसके तहत 80 अनुसूचित परिवारों को भूमि दिलाई। वे इस आंदोलन के तहत 13 साल तक पैदल घूम-घूमकर लोगों को भू-दान के लिए प्रेरित करते रहे। वे बड़े लोगों से यह आग्रह करते कि भूमिहीनों को भी अपना बेटा मानकर एक बटा छह हिस्सा जमीन दान करें ताकि उनकी जीविकोपार्जन का प्रबंध हो सके। इस आदोलन को विस्तार देने के लिए उन्होंने पूरे देश का भ्रमण किया। जमीन दान में मिलने पर उन्होंने उसे भूमिहीनों के बीच वितरित कर दी। वे गौ हत्या के प्रबल विरोधी थे। वे गौ को जीविकोपार्जन और भारतीय अर्थव्यवस्था का प्रमुख आधार मानते थे। इस दिशा में भी उन्होंने समाज को जागरूक करने का काम किया।

अपने आंदोलन को विस्तार देने की खातिर उन्होंने देश के विभिन्न हिस्सों में आश्रम बनाए। वे आदि शंकराचार्य के चार धामों की तर्ज पर बनाए गए। इनमें से कुछ देश के तीन कोनों और कुछ भीतरी हिस्सों में स्थापित किए गए। बिहार के बोध गया में समन्वय आश्रम, पवनार में ब्रह्म विद्या मंदिर, पठानकोट में प्रस्थान आश्रम, इंदौर में विसर्जन आश्रम और असम के लखीमपुर में मैत्री आश्रम बनाए। विनोबा भावे एक महान विचारक और अध्ययेता थे। उन्होंने अनेक पुस्तकें लिखीं। वे बहुत अच्छे अनुवादक भी थे। उन्होंने संस्कृत की कई पुस्तकों का हिंदी में अनुवाद भी किया ताकि आम आदमी भी उनका अध्ययन कर सकें। वे कई भाषाओं के ज्ञाता भी थे। उन्हें मराठी, गुजराती, हिंदी, उर्दू, अंग्रेजी, संस्कृत आदि भाषाओं का विशद ज्ञान था। वे नवोन्मेषी समाज सुधारक भी थे। वे नागरी लिपि को पूरी दुनिया की स्क्रिप्ट की रानी मानते थे।

उन्होंने कई कृतियों के संबंध में आलोचनात्मक लेख भी लिखे। दशर्न और धर्म संबंधी कई पुस्तकों की उन्होंने आलोचनात्मक समीक्षा भी लिखी। उन्होंने भागवत गीता आदि शंकराचार्य के कामों बाइबिल और कुरान के संबंध में भी लेख लिखे। कई और संतों के कार्यों की भी समीक्षा की। भगवत गीता का उन्होंने मराठी में अनुवाद भी किया। उन्होंने माना कि गीता उनकी सांस है। उन्होंने इसेंस आफ कुरान, इसेंस आफ क्रिश्चियन टीचिंग, थाटस आफ एजुकेशन, स्वराज्यशास्त्र नामक ग्रंथ भी लिखे।

15 अगस्त 1947 को देश को आजादी मिली। जनता उससे बड़ी आस लगाए बैठी थी। लोगों को उम्मीद थी कि अब उनकी सरकार है, इसलिए न्याय स्वयं उनके द्वार तक चलकर आएगा। उनमें खासकर वे लोग जो शताब्दियों से भू-सामंतों और जागीरदारों के उत्पीड़न का शिकार रहे थे। जिनके पास जीविका का माध्यम मात्र उनकी देह थी। पेट था, इसलिए भूख भी लगती थी। भूख के दबाव में ही वे देह बेचकर बंधुआगिरी करने को बाध्य थे। इसके बावजूद उन्हें अपमान और अत्याचार दोनों का सामना करना पड़ता था। आजादी से उन्हें उम्मीद थी। उन्हें भरोसा था कि अपना निजाम होगा तो उनकी समस्याओं की सुनवाई भी हो सकेगी, सोचते थे कि अपना राज्य बंधुआगिरी से मुक्त होगा। वे भी आजादी की हवा में सांस ले सकेंगे। इसी उम्मीद के साथ वे आजादी के आंदोलन में कूदे थे। गांधी जी आह्वान पर बिना कोई विरोध किए लाठियां खाई थीं। अहिंसक सत्याग्रह में हिस्सा लिया था। गांधी जी के आंदोलन की सफलता

का रहस्य ही इसमें था कि वे सत्याग्रह को व्यापक जनांदोलन का रूप देने में कामयाब रहे। लेकिन आजादी के बाद भू-सामंत जब सत्ता के गलियारों से संपर्क गांठकर प्रत्यक्ष या परोक्षरूप में दुबारा उनपर शासन करने लगे तो उनका भड़क जाना स्वाभाविक ही था। रूस और चीन की क्रांति की खबरें उनको प्रेरणा दे रही थीं। अफ्रीकी महाद्वीप से भी साम्यवादी क्रांति की खबरें आ रही थीं।

हैदराबाद के पास का एक क्षेत्र तेलुगूभाषियों का है। इस कारण वह तेलंगाना कहलाता है। वहां की भू-संपत्ति का बंटवारा बड़े ही असामान्य ढंग से हुआ है। एक ओर वहां पचासियों हजार एकड़ के अनेक जमींदार थे, तो दूसरी ओर हजारों-लाखों की संख्या में बेघर, बे जमीन लोग थे। वे विलासी और कठोर, अत्याचारी जमींदारों, भू-सामंतों के यहां मजदूरी करते, बंधुआ रहकर चाकरी बजाते। यदि किसी प्राकृतिक आपदा के कारण फसल नष्ट हो जाए तो उनके अत्याचार-उत्पीड़न सहते थे। ऊपर से लगान वसूली के लिए सरकार और जमींदार का तानाशाही भरा रवैया। आजादी से उन्हें उम्मीद थी। आजादी मिली, परंतु उनकी समस्या ज्यों की त्यों थी। इसलिए नक्सली और साम्यवादी विचारधारा के नेता उन इलाकों में अपना प्रभाव जमाते जा रहे थे, जो रूस की भांति भारत में भी सशस्त्र क्रांति का सपना देख रहे थे। उन्हें उन गरीब, साधनहीन लोगों का समर्थन था, जिनके सपने देश की राजनीतिक आजादी प्राप्त होने के बाद भंग हुए थे और वे अब अपनी तरह से बदलाव चाहते थे।

तेलंगाना के तीन हजार से ऊपर गांवों पर नक्सलवादियों का प्रभाव था। स्थानीय प्रशासन उनके आगे बेबस था। कारण यह था कि उग्रपंथियों को स्थानीय जनता का समर्थन प्राप्त था। वर्षों से उपेक्षित-उत्पीड़ित लोग उनका साथ भी दे रहे थे। तेलंगाना की हालत अत्यंत चिंताजनक थी। लग रहा था कि वह कभी भी भारत की झोली से छिटक सकता है। स्थिति जब नियंत्रण से बाहर जाने लगी तो वह इलाका सेना को सौंप दिया गया। मगर अपने ही देशवासियों के बीच समस्या के समाधान के लिए सेना का उपयोग, किसी भी देश के लिए अच्छी बात न थी। विशेषकर भारत के लिए, जहां कुछ ही महीने पहले गणतांत्रिक व्यवस्था लागू की गई थी, जिसमें लोगों को यह भरोसा दिलाया गया था कि नई व्यवस्था में जाति-धर्म-वर्गीय पहचान से परे अमीर-गरीब सबके लिए विकास के एकसमान अवसर प्राप्त होंगे। सेना के उपयोग से अंतर्राष्ट्रीय बिरादरी में बदनामी का पूरा-पूरा खतरा था।

विनोबा को निमंत्रण मिला था कि वे तेलंगाना जाकर आंदोलनरत किसानों को समझाएं। उन्हीं दिनों शिवराम पल्ली में 'अखिल भारतीय सर्वोदय सम्मेलन' की योजना बनी। सर्वोदय सम्मेलन की स्थापना विनोबा के कहने पर ही की गई थी। अब ऐसे सम्मेलन में विनोबा न जाएं यह संभव न था। वे उन दिनों वर्धा में थे, जो शिवराम पल्ली, हैदराबाद से तीन सौ मील अर्थात लगभग चार सौ अस्सी किलोमीटर की दूरी पर था। अंततः विनोबा ने सम्मेलन में जाने की सहमति दे दी। लेकिन उन्होंने ठान लिया कि वे उस सम्मेलन में भाग लेने के लिए पैदल चलकर पहुंचेंगे।

'ठीक है, मैं पहुँचूंगा, मगर पैदल चलकर'।

विनोबा ने घोषणा की थी। मानो नियति ही उनके मुंह से यह कहलवा रही थी। देश के पटल पर विनोबा की विशिष्ट भूमिका अभी लिखी जानी बाकी थी। गांधी जी के रहते तो वे वहीं करते रहे थे, जो गांधी जी चाहते थे। जिसकी गांधी जी की ओर से आज्ञा प्राप्त होती थी। अब गांधी जी नहीं थे। उनकी अनुपस्थिति में विनोबा को अपनी आंतरिक प्रेरणा के आधार पर अपने रचनात्मक कार्यक्रमों को आगे बढ़ाना था। 7 मार्च 1951 को गांधी जी की कुटिया को नमन करते हुए विनोबा ने उस यात्रा की शुरुआत की। वह एक अचर्चित यात्रा थी। समाचार पत्रों में उसका खास उल्लेख भी नहीं हुआ। मगर उस समय कोई नहीं जानता था कि आने वाले कई वर्षों में समस्त अखबार उस यात्रा की कामयाबियों से रंगे होंगे। बाद में एक कवि ने उस यात्रा पर लिखा—

'धर्मचक्र फिरते पड़ता एकाकी पाउले'

'वह एकाकी जैसे ही आगे बढ़ा, धर्मचक्र में प्रवर्त्तन होने लगा।'

सर्वोदय सम्मेलन ठीक-ठाक संपन्न हो गया। अब तेलंगाना की यात्रा की बारी थी, जो वहां से थोड़ी ही दूरी पर था। मगर वहां के हालात बिगड़े हुए थे। विनोबा के हितैषियों ने उन्हें पुलिस की मदद लेने को कहा। लेकिन विनोबा ने तत्काल मना कर दिया। अहिंसा के सिपाही को हथियारबंद सिपाहियों की क्या आवश्यकता। तेलंगाना यात्रा आरंभ हुई। यात्रा में वे पीड़ित किसानों से मिलते। उनसे उनकी समस्याओं पर बात करते। साम्यवादी नेता भी उनके संपर्क में आते, वही समझाते कि समस्या का निदान बिना हथियारों के प्रयोग के असंभव है। बिना आर्थिक समानता और स्वतंत्रता के संविधान जिसे लागू हुए बस कुछ ही महीने हुए थे, के सपने को भी सच नहीं किया जा सकता। इसमें यदि कोताही हुई तो लोग उखड़ेंगे ही। एक तेलंगाना की समस्या का समाधान यदि समय रहते

नहीं खोजा गया तो ऐसे तेलंगाना पूरे देश में जगह-जगह होंगे। क्योंकि असमानता और असमान भू-वितरण केवल हैदराबाद की समस्या नहीं है। यह तो पूरे देश में है। देश अमीरी और गरीबी में पूरी तरह बंटा है। विनोबा भी समझ रहे थे कि देश को राजनीतिक आजादी मिल चुकी है। अब बारी आम जन के लिए उसकी सामाजिक-आर्थिक स्वतंत्रता मुहैया कराना है।

विनोबा को समस्या का केवल एक ही हल सुझाई देता। भूमिहीनों को भूमि दे जी जाएं। ताकि उनकी जीविका का साधन हो सके, पर भूमि देगा कौन। विनोबा को महाभारत की कहानी रह-रह कर याद आती। दुर्योधन ने पांडवों के मांगने पर पांच गांव देने से इंकार कर दिया था, तो महाभारत हुआ, जिसमें पूरा कौरव-कुल तबाह हो गया। तेलंगाना की समस्या का समाधान न हुआ तो ऐसे महाभारत पूरे देश में जगह-जगह होंगे। मगर समस्या थी कि जमींदारों को जमीन देने के लिए तैयार कैसे किया जाए। सरकार इसमें कुछ सार्थक भूमिका निभा सकती थी, मगर सरकार तो अपना वायदा बिसरा ही चुकी थी। लोकसेवा का व्रत लेकर राजनीति में आए नेता प्रण भूलकर अपना घर भरने में लगे थे। अंग्रेज साहबों की जगह भारतीय बाबुओं ने ले ली थी। विनोबा रात-दिन सोचते, बेचैन रहते। मगर निदान नहीं था। उधर समस्या इतनी विकराल कि निदान तत्काल चाहती थी। सर्वोदय सम्मेलन के अंतिम दिन विनोबा ने तेलंगाना के उपद्रव-ग्रस्त क्षेत्रों में शांति संदेश ले जाने का निर्णय लिया।

17 अप्रैल को अपनी यात्रा के दूसरे दिन विनोबा ने अनुभव किया कि ग्रामीण दुहरे आतंक के शिकार हैं। एक ओर पुलिस उन्हें परेशान करती है, दूसरी ओर कम्युनिस्ट आंदोलनकारी उनपर दबाव डालते रहते हैं। तेलंगाना क्षेत्र के गांव के गांव वर्गीय आधार पर विभाजित थे और फिर वह दिन आ ही गया जिस दिन वास्तविक क्रांति की शुरुआत हुई। 18 अप्रैल, 1951 का दिन था। विनोबा का डेरा पोचमपल्ली गांव में जमा था। लगभग सात सौ परिवारों का गांव था पोचमपल्ली जिसमें दो-तिहाई आबादी भूमिहीनों की थी। गांव में विनोबा का जोरदार स्वागत किया गया। गांव की हरिजन बस्ती में प्रार्थना सभा हुई। दोपहर बाद का समय था। लोग विनोबा का प्रवचन सुनने के लिए उनके आस-पास जुटने लगे। विनोबा ने सदा की तरह गीता और वेदान्त से बात आरंभ की। लोगों को मिल-जुलकर रहने का उपदेश दिया। लोग तन्मय होकर सुनते रहे। उस सभा में भूमिहीन हरिजन भी थे। सबके सब विनोबा के पास उम्मीद भरी नजरों से देख रहे थे। उनकी निगाह में विनोबा की पैठ सरकार में सीधे

प्रधानमंत्री तक थी। इसलिए प्रवचन के पश्चात जब चर्चा का दौर आरंभ हुआ तो हरिजनों की ओर से जमीन की मांग की गई।

'हमारे पास न तो जमीन है, न दूसरा कोई रोजगार, थोड़ी-सी जमीन भी होती तो हम उस पर मेहनत करके अपना गुजारा कर लेते।'

'जमीन चाहिए, पर कितनी?' विनोबा ने सवाल किया।

'हमारे कुल चालीस परिवार है। सो कुल चालीस एकड़ सिंचाईयुक्त और चालीस एकड़ सूखे की जमीन मिल जाए तो हमारे लिए पर्याप्त होगी.'

'आपको जमीन मिल जाए तो सब मिलकर खेती तो करोगे न!'

'जी, हम सब मिलकर आपका एहसान भी मानेंगे।'

'ठीक है, लिखकर दीजिए, मैं आपका प्रार्थनापत्र सरकार को भिजवा दूंगा।' उस समय विनोबा के पास उन हरिजनों को सांत्वना देने का यही एक उपाय था कि उनकी फरियाद सरकार तक पहुंचा दी जाए। हरिजन लिखकर देने की तैयारी करने लगे। तभी विनोबा को न जाने क्या सूझा उन्होंने वहां बैठे लोगों का आह्वाहन करते हुए कहा–

'अगर किसी कारण सरकार इन्हें जमीन देने में असफल होती है तो क्या आप गांववाले मिलकर इनकी मदद करने को तैयार हैं?'

उस सभा में गांव के ही किसान रामचंद्र रेड्डी भी उपस्थित थे। उदारमना, बाकी भू-सामंतों से बिलकुल अलग। विनोबा की ख्याति सुनकर प्रवचन सुनने चले आए थे। हरिजनों की बात सुनी तो विनोबा के प्रवचन का असर उनपर था ही। हरिजनों की बात सुनते ही तत्काल बोल पड़े'मैं देता हूं सौ एकड़ जमीन।' जिसने भी सुना वही अवाक रह गया। इसे जादू कहें या चमत्कार, विनोबा हैरान थे। जितनी जमीन चाहिए थी, उससे ज्यादा जमीन उन्हें मिल रही है। वह भी बिना मांगे। शाम की प्रार्थना सभा में रामचंद्र रेड्डी फिर उपस्थित हुए। उन्होंने अपने निर्णय पर दुबारा सहमति की मुहर लगा दी। अनायास ही एक नए आंदोलन का जन्म हो चुका था।

विनोबा के लिए वह पवित्र अनुष्ठान था, यज्ञ था। तेलंगाना की समस्या से जूझने, उसके पार जाने का रास्ता उन्हें मिल चुका था। ईश्वर में उनकी आस्था थी। विनोबा ने उस उपलब्धि को भी ईश्वर का आशीर्वाद ही माना। विनोबा की पदयात्रा वहां से आगे बढ़ने लगी। वे जहां भी जाते, सीधे ग्रामीणों, किसानों से सीधे संवाद करते। महाभारत की कहानी का हवाला देकर पूछते कि पांडव कितने भाई थे?

'पांच!' तत्काल उत्तर मिलता।

'नहीं छह, कर्ण छठा पांडव था। पांडवों ने उसको अपने साथ मिलाने से इंकार कर दिया तो वह कौरवों में जा मिला। नतीजा भाई-भाई के बीच युद्ध हुआ। आप भी अपने क्षेत्र में शांति चाहते हैं, पूरे देश और समाज का कल्याण चाहते हैं तो अपने भूमिहीन भाइयों को अपना लीजिए। उन्हें उनका अधिकार दे दीजिए।'

कहीं वे कहते कि मैं दरिद्र नारायण का प्रतिनिधि बनकर आया हूं। आप पांच भाई हैं तो मुझे छठा मानकर मेरा हिस्सा मुझे दे दीजिए। विनोबा की अपील का जादुई असर होता। तेलंगाना की उस पदयात्रा में विनोबा को प्रतिदिन औसतरूप में लगभग 200 एकड़ जमीन प्राप्त हुई। वह एक चमत्कार ही था। दान में जमीन। जिस देश में एक-एक इंच जमीन के लिए झगड़े होते हों, मामूली टुकड़े के लिए भाई-भाई की गर्दन तराश देता हो, जहां की जनता ने शताब्दियों तक सामंतवाद का दमन सहा हो, वहां दान में जमीन मिलना अनूठी घटना थी। मगर वह हो रहा था और पूरी दुनिया के सामने हो रहा था। हालांकि कुछ मतिमंद आलोचक बैठे-ठाले दूसरों को संदेह की नजर से देखने वाले विनोबा के अभियान पर भी सवाल खड़े कर कर रहे थे। चूंकि जमीन का मिलना तो झुठलाया नहीं जा सकता था। जमीन न केवल मिल रही थी, बल्कि हाथोंहाथ बंट रही थी। जिन इलाकों से विनोबा गुजर जाते, वह इलाका अप्रत्याशित रूप से शांत हो जाता। इसके बावजूद आलोचकों ने कहना आरंभ कर दिया कि तेलंगाना में जमींदार कम्युनिस्टों से डरकर जमीन दान कर रहे हैं। हैदराबाद से बाहर जाते ही भू-दान आंदोलन ठप्प पड़ जाएगा। मगर विनोबा को अपने आप में विश्वास था। अपने ईश्वर में विश्वास था और उससे भी अधिक जनता जनार्दन में विश्वास था और विश्वास था कि सच्चे मन से आरंभ किए गए अभियान में असफलता की संभावना न्यूनतम होती है।

तेलंगाना से बाहर विनोबा को लगभग तीन सौ एकड़ प्रतिदिन जमीन प्राप्त हुई। इससे स्वयं विनोबा भी हैरान रह गए। यह तेलंगाना में प्रतिदिन के औसत से लगभग डेढ़ गुनी थी। इससे उनके आलोचकों को मौन हो जाना पड़ा। मध्य प्रदेश की घटना है। दिन का समय था। विनोबा उस समय कुछ पढ़ रहे थे। तभी एक किसान चुपके से सामने आकर बैठ गया। विनोबा ने पूछा तो उसने कहा—

'आज प्रातःकाल पूजा-पाठ के उपरांत ही मिलने के लिए चल पड़ा था। अब पहुंचा हूं।' विनोबा के कारण पूछने पर उसने अंटी में से जमीन दान करने

के कागज निकाले और विनोबा की ओर बढ़ाते हुए बोला'ये पचीस एकड़ मेरी ओर से?'

'आपके पास कुल कितनी जमीन है?' विनोबा ने मुस्कराते हुए प्रश्न किया।

'छह सौ एकड़' किसान ने बताया।

'और आप भाई कितने हैं?'

'दो!'

'तो मैं हुआ आपका तीसरा भाई। मेरा हिस्सा मुझे दे दीजिए।'

दान हमेशा दाता की मर्जी पर निर्भर रहता है। मगर यहां दान लेने वाला स्वयं दान की निर्धारित कर रहा था। मगर देने वाला जानता था कि वह संत अपने लिए कुछ नहीं रखने वाला। वह किसान शाम तक आश्रम में रुका। अंततः दो सौ एकड़ का दान पत्र विनोबा भू-दान समिति के नाम लिख गया। जब से आंदोलन की शुरुआत हुई थी, विनोबा के पास दूर-दूर से लोग आते थे। आगंतुकों को कोई परेशानी न हो, इसलिए आश्रम का एक न एक कार्यकर्ता रात को जागा रहता था।

एक बार मुंह-अंधेरे एक अंधा किसान बैलगाड़ी में सवार होकर विनोबा का पता पूछता-पूछता उनके शिविर में पहुंचा। रात का समय था, विनोबा समेत शिविर में सभी लोग सोए हुए थे। गाड़ीवान के सहारे से वह किसान नीचे उतरा। कार्यकर्ता विनोबा को जगाने चला तो उसने रोक दिया, बोला 'बहुत दूर से आना हुआ। गाड़ीवान अंधेरे में रास्ता भी ठीक से नहीं पहचान पाया। इसलिए देर हो गई। मेरे छोटे-से दान के लिए बाबा को जगाने के लिए जरूरत नहीं है। सुबह जब वे उठे तो यह दान पात्र उन्हें थमा देना।'

इतना कहकर वह अंधा किसान गाड़ी में सवार हो जैसा आया वैसा ही लौट गया। सुबह जब लोगों ने सुना तो सब उस अंधे भू-दानी की चर्चा करने लगे। विनोबा के मुंह से निकला

'स्वयं भगवान मुझे दर्शन देने आए थे। मैं ही अवसर चूक गया।'

कुछ लोगों को संदेह था कि जमीन गरीब लोगों तक नहीं पहुंच पाएगी। जमीन सही लोगों तक पहुंचे इसके लिए कई सुझाव आए। विनोबा सब पर विचार करते। अंततः तय हुआ कि जमीन गांव में सबसे अधिक गरीब लोगों में बांटी जाएगी। उनमें से एक-तिहाई लोग दलित होंगे। भू-दान की सफलता से उल्लसित विनोबा के कार्यकर्ता भूमिहीनों की सूची आमतौर पर पहले ही बना

लेते थे। फिर उनके लिए गांव वालों से जमीन मांगी जाती। बैठक में ही सरकारी पटवारी भी तैनात रहता। दान में मिली जमीन का बैनामा तत्काल जरूरतमंदों के नाम कर दिया जाता। बैठक में कई बार भावुक अवसर भी आते जब आंखें छलछला जातीं। नियम के अनुसार जहां जमीन मिलती, वहीं के भूमिहीनों में बांट दी जाती।

एक बार विनोबा एक गांव में थे। गांव में जरूरतमंदों की सूची बनाई गई। कुल बारह व्यक्ति थे, जिन्हें जमीन की आवश्यकता थी। मगर जब भू-दान आरंभ हुआ तो जरूरत की आधी जमीन ही मिल पाई। कार्यकर्ता असंमजस में पड़ गए। लेकिन किया क्या जा सकता था। जो जमीन प्राप्त हुई थी उसी को प्रभु की अनुकंपा मानकर विनोबा जमीन बांटने लगे। बुराई-बुराई को, अच्छाई-अच्छाई को और त्याग, त्याग को आमंत्रित करता है। कम जमीन जरूरतमंदों के बीच कैसे बांटी जाए कि उनका गुजारा हो सके, इस समस्या को लेकर विनोबा सहित सभी भू-दानी असमंजस में थे। इस पर उनमें से एक व्यक्ति बोल पड़ा कि जमीन दूसरे व्यक्ति को दे दी जाए।

'क्यों, तुम्हें जमीन नहीं चाहिए?' विनोबा ने सहजभाव से पूछा।

'मेरे बच्चे बड़े हैं, कहीं भी मेहनत-मजदूरी करके अपना पेट भर लेंगे। उसके बच्चे छोटे हैं। उसे ज्यादा जरूरत है।' उसकी बात सुनकर विनोबा की आंखें भर आईं। उन्होंने तब बैठक में हिस्सा लेने आए लोगों को संबोधित करके कहा, 'जब यह व्यक्ति इतना त्याग कर सकता है, तो आप क्यों पीछे रहते हैं।' उस सभा में एक व्यक्ति पाकिस्तान से आया था। कुछ अपनी मेहनत से और कुछ पीछे की कमाई से जोड़-जाड़कर उसने जमीन का जुगाड़ किया था। विनोबा को असमंजस में देख उससे न रहा गया। उसने खड़े होकर कहा।

'मेरी बारह एकड़ जमीन भी लिख लीजिए। मैं तो किसी तरह खा-कमा ही लूंगा।'

इस पर दान में मिली जमीन का खाता चढ़ा रहे पटवारी से न रहा गया और वह बोला–

'मेरे पास कुछ ढ़ाई एकड़ जमीन है। मुझे तो सरकार से गुजारे लायक मिल ही जाता है। जमीन से किसी का परिवार पल सकता है तो उसको दे दीजिए।'

ऐसे अवसर भू-दान के दौरान अक्सर आते। एक बार एक मुसलमान जमीन दान करने के लिए विनोबा के पास पहुंचा। वह दस एकड़ के कागजात बनवाकर लाया था। विनोबा ने उससे उसकी कुल जमीन के बारे में पूछा–

'आप भाई कितने हैं?'

'पांच'

'तो छठा मुझे मानकर मेरा हिस्सा मुझे दे दीजिए।' हमेशा की तरह विनोबा ने कहा।

'इस्लाम में लड़कियों का भी पिता की जायदाद में हिस्सा होता है। मेरे तीन बहने भी हैं।'

आगंतुक ने बताया। इसके बाद वह विनोबा को अपनी जमीन का नौवां हिस्सा दान कर गया। विनोबा के आंदोलन से तेलंगाना आंदोलन में नरमी आई थी। केवल सात सप्ताह के भीतर विनोबा 12000 एकड़ जमीन प्राप्त कर चुके थे, जो एक चमत्कार था। इस बीच स्वैच्छिक कार्यकर्ताओं की पूरी फौज सम्मिलित हो चुकी थी। वे विनोबा के नाम पर भू-दान मांग रहे थे और लोग खुशी-खुशी उनका मनोरथ साध रहे थे। विनोबा ने जब दक्षिण छोड़ा उस समय तक उन्हें एक लाख एकड़ से अधिक जमीन प्राप्त हो चुकी थी। वे तेलंगाना के दो सौ से अधिक गांवों में भू-दान के लिए गए। इससे सभी प्रभावित थे।

जिन दिनों विनोबा दक्षिण में थे, तभी उन्हें जवाहर लाल नेहरू का दिल्ली आने का निमंत्रण प्राप्त हुआ था। वे भू-दान आंदोलन की सफलता से अभिभूत थे और पंचवर्षीय योजना में उसको एक आंदोलन के रूप में सम्मिलित करना चाहते थे। विनोबा ने दिल्ली पहुंचने की सहमति दी। लेकिन अपनी पदयात्रा की शर्त जड़ दी। पवनार से दिल्ली की तरफ बढ़ते हुए विनोबा को प्रतिदिन तीन सौ एकड़ जमीन प्राप्त हुई। इससे उनके आलोचकों का मुंह बंद हो गया, जो यह कह रहे थे कि हैदराबाद और उसके आसपास सटे क्षेत्रों में लोगों ने कम्युनिस्टों के डर से जमीन दान में दी है। सरकार ने भू-दान आंदोलन को पंचवर्षीय योजना में शामिल किया। दिल्ली से विनोबा ने उत्तरप्रदेश का रुख किया।

जैसे ही दिल्ली से विनोबा ने उत्तरप्रदेश के लिए कूंच किया, गांव-गांव में समाचार फैलने लगा कि विनोबा आ रहे। भूमिहीनों की उम्मीद बलवती होने लगी। जिस गांव में भी विनोबा कदम रखते वहां उनका बड़े जोरदार तरीके से स्वागत किया जाता। पवनार से दिल्ली तक आते-आते प्रतिदिन औसतन तीन सौ एकड़ भूमि दान में प्राप्त हुई थी। उत्तरप्रदेश राम और कृष्ण की भूमि थी। विनोबा को वहां भी सफलता की पूरी-पूरी उम्मीद थी और हुआ भी ऐसा ही। कुछ ही महीने के भीतर विनोबा उत्तरप्रदेश में सवा तीन लाख एकड़ जमीन दान में प्राप्त कर चुके थे। उनका कहना था कि दलितों और अंतज्यों के प्रति केवल

करुणा-प्रदर्शन के लिए नहीं आए हैं। बल्कि हमारा उद्देश्य ही ऐसे समाज की रचना करना है, जहां के निवासियों में एक-दूसरे के प्रति प्यार, मैत्री, विश्वास और करुणा हो। ऐसे ही समाज का गठन करना मेरा लक्ष्य है।

बैशाख का महीना था। ऊपर आसमान में सूरज तप रहा था। कार्यकर्ता चिलचिलाती धूप से परेशान रहते। मगर विनोबा के आगे तो लक्ष्य था। उनका इरादा पूरे देश में एक करोड़ एकड़ भूमि दलितों के लिए जुटाना था। प्रकट में उन्होंने केवल पचास लाख एकड़ का लक्ष्य अपने कार्यकर्ताओं के समक्ष रखा था। फिर आया भू-दान के इतिहास का अविस्मरणीय दिन यानी 29 मई 1952 विनोबा बेतवा के किनारे अपने साथियों के साथ डेरा डाले हुए थे। इरादा जल्दी से जल्दी और अधिक से अधिक जमीन जुटा लेना था। सुबह और शाम की पूजा-अर्चना उनकी दैनिक गतिविधि की हिस्सा थी। दिन में प्रायः दो बैठकें होतीं, उनसे पहले पूजा का कार्यक्रम संपन्न होता। उस समय वे मंगरौठ के राजा के आथित्य में थे। वहां की सभा में विनोबा ने मंत्र दियासारी जमीन देवताओं की, गांव का मतलब बड़ा परिवार।'

सभा में मंगरौठ के जमींदार शत्रुघन सिंह तथा उनकी पत्नी राजेंद्र कुमारी भी पधारे हुए थे। दोनों पर महात्मा गांधी के विचारों का गहरा प्रभाव था। उनके आंदोलन में वे हिस्सा भी ले चुके थे। बात जब भू-दान की आई तो होठों पर अधखिली मुस्कान लिए विनोबा ने उनकी ओर मुड़कर पूछा–

'आप इस फकीर की झोली में क्या डालने जा रहे हैं?'

इस पर शत्रुघन सिंह ने अपनी अर्धांगिनी राजेंद्र कुमारी की ओर देखा। आंखों ही आंखों में जैसे निर्णय ले लिया गया। सिंह ने कहा–

'जितनी भी हमारी जमींदारी है, सब।' शत्रुघन सिंह ने पूरी सभा को चमत्कृत कर दिया।

गांव वाले पहले भी जानते थे कि उनके जमींदार बड़े दिल के इंसान हैं। पर उनका दिल बड़ा है, इसकी उन्होंने कल्पना भी न की थी और जब गांव का राजा अपना सबकुछ त्याग सकता है तो वे क्यों नहीं। फिर तो सभा में दानदाताओं की जैसे कतार-सी लग गई। अगले दिन विनोबा को लिखा हुआ दानपत्र मिल गया। गांव का अमीर-गरीब हर आदमी अपनी जमीन दान कर दी थी। गांव में अब भी उतनी ही मिल्कियत थी। मगर अब उसपर एक का साझा नहीं था। वह सबकी हो चुकी थी। पूरा गांव जैसे बड़े परिवार में ढल चुका था। 'सबै भूमि गोपाल की' तो किसी कवि द्वारा भावुकतावश रचा गया छंद रहा

होगा। मगर मंगरौठ में तो वह दिन की रोशनी में चरितार्थ हो रहा था। जिस जमीन के एक-एक इंच पर अधिकार-भावना को लेकर गांव वाले मरने-मारने पर उतारू हो जाते थे, उसपर गांव वालों की त्यागवृत्ति से विनोबा अभिभूत थे। इसकी तो उन्होंने कभी कल्पना भी नहीं की थी। वह पहला ग्रामदान हुआ। उसके बाद तो ग्रामदान की मानो झड़ी-सी लग गई।

उत्तर प्रदेश में अपनी पदयात्रा पूरी कर विनोबा बिहार के लिए बढ़ गए। वहां सितंबर 1952 से दिसबंर 1954 के बीच के लगभग सताइस महीनों में उन्हें कुल 23 लाख एकड़ जमीन दान में प्राप्त हुई। उड़ीसा, केरल, तमिलनाडु में विनोबा को कई ग्रामदान हुए। उड़ीसा की पदयात्रा के दौरान कुल 6,38,706.50 एकड़ जमीन दान में मिली। गांव दान के अलावा संपत्ति दान, स्वर्णदान आदि की झड़ी ही लग गई। इसी से जन्म हुआ श्रमदान का। श्रमदान के पीछे अवधारणा थी कि अकेले जमीन देने से ही गांव का कल्याण होना संभव नहीं है। अभी तक गांववाले विकास के लिए सरकार की ओर देखते आए थे। श्रमदान आत्म-निर्भरता का मूलमंत्र था। लोक कल्याण के लिए लिया गया लोक संकल्प गांव के सभी काम करने योग्य व्यक्तियों का योगदान उसमें अपेक्षित था। यानी जिसके पास कुछ नहीं है, सिर्फ उसका श्रम है, रचनात्मक कार्यों से वह भी पीछे क्यों रहे। श्रम दान कर अपनी भूमिका सुनिश्चित करे देने वाला देवता है, उसका दर्जा ईश्वर जितना है, लेने वाले से उसका योगदान ज्यादा बड़ा है। विनोबा अक्सर यह दोहराते कि–

'हमें स्वराज की, जनता के शासन की स्थापना करनी है। हमें स्वयं को इतना ऊंचा उठाना है कि समाज में व्याप्त हिंसा और दमन पर काबू पर सकें। जनता ही ईश्वर है, जनता ही जर्नादन है।'

ग्रामदान अपने आप में एक क्रांति था। प्रवृत्ति में भू-दान से भी अधिक सुधारवादी वर्षों से सामाजिक न्याय के पक्षधर गांवों में समानता और बराबरी का सपना देखते आए थे। उनका कहना था कि गांवों से ऊंच-नीच मिटेगी तो पूरे देश में समानता का संचार होगा। समाजवाद का सपना सच हो जाएगा। उल्लेखनीय है कि समाजवादी क्रांति के नाम पर रूस सुलग चुका था। चीन की आंच अभी ठंडी नहीं पड़ी थी। अफ्रीकी देशों जैसे क्यूबा, बोलेविया, घाना, ग्वाटेमाला आदि में अमेरिकी उपनिवेश से आजाद होने के लिए संघर्ष जारी था। खूनी संघर्ष उन सबसे अलग भारत में भी समाजवादी आंदोलन जारी था। भू-दान के नाम पर बाकी दुनिया से अलग सबको शांति और सहअस्तित्व का

संदेश देता हुआ। यह बताता हुआ कि भारत अब भी अपनी संस्कृति और परंपरा से जुड़ा हुआ है। यह आंदोलन एक ऐसे व्यक्ति के कंधों पर था जिसका वजन बामुश्किल तीस किलो था। जो केवल डेढ़ छटांक चावल पर अपना गुजारा करता था।

ग्रामदान के अंतर्गत आए गांव में वहां की पूरी जमीन पर पूरे गांव का सामूहिक अधिकार होता। परिवारों के बीच उनकी जरूरत के आधार पर भूमि का विभाजन कर दिया जाता। बांटी गई जमीन पर लोगों को केवल खेती करने का अधिकार होता। उस जमीन को वे न तो खरीद-बेच सकते थे, न बंधक रखकर उसपर उधार ले सकते थे। न ही जरूरत के समय उसे बेचकर रकम उठा सकते थे। गांव के प्रशासनिक मामलों की देखभाल के लिए ग्राम परिषद का गठन किया जाता था। गांव के सभी वयस्क सदस्य परिषद के भी सदस्य होते। परिषद के निर्णय आपसी विचार-विमर्श के उपरांत लिए जाते। निर्णय का आधार सर्वसम्मिति होता, मगर सामाजिक हित के मुद्दों पर सर्वसम्मिति बनाना बहुत जटिल काम था। यानी जब तक एक भी सदस्य निर्णय से असहमत है, तब तक परिषद का निर्णय अमान्य समझा जाता था।

सर्वसम्मत निर्णय उसी स्थिति में संभव था, जब गांव के सदस्यों के बीच आपसी भाईचारा और विश्वास हो। इससे यह भी साफ है कि परिषद का अनुचित लाभ उठा पाना असंभव था। ग्रामदान की रफ्तार आरंभ में ठीक रही। 1965 तक ग्रामदान आंदोलन धीरे-धीरे आगे बढ़ता रहा। ग्रामदान आंदोलन में गति लाने के लिए विनोबा ने बाद में उसके लिए सघन अभियान भी छेड़ा, जिसे उन्होंने 'तूफान यात्रा' का नाम दिया। इसका आशानुकूल परिणाम भी निकला। 1975 तक ग्रामदान के साये में आए गांवों की संख्या 1,60,000 हो चुकी थी, जो देश के कुल गांवों की संख्या की लगभग एक-तिहाई थी।

बाद में ग्रामदान आंदोलन में भी स्वार्थी तत्व सम्मिलित होने लगे। आंदोलन इतना फैल चुका था कि अकेले विनोबा के बूते उसको संभाल पाना संभव न था। समर्पित और ईमानदार कार्यकर्ताओं की कमी भी साफ तौर पर अनुभव की जाने लगी थी। स्वार्थपरता और प्रसिद्धि की भूख के चलते यह भी देखने को आया कि लोग केवल नाम के लिए ग्रामदान की घोषणा कर देते हैं। अच्छे खेत देने के बजाय अक्सर ऊसर और तराई की जमीन दान में कर दी जाती थी। कुछ लोग विनोबा के नैतिक प्रभामंडल के दबाव में आकर जमीन दान कर देते थे। मगर जैसे ही विनोबा प्रस्थान करते, वे जमीन वापस छीन लेते

थे। ग्रामदान की आचार संहिता के अंतर्गत उसकी आमूल कायापलट नहीं हो पाता था। 1970 तक ग्रामदान के अंतर्गत प्राप्त गांवों में से मात्र कुछ गांवों में ग्राम-परिषद का गठन हो पाया था। दरअसल विनोबा का प्रभामंडल जनता के मन में इतनी तेजी से फैलता जा रहा था कि लोकप्रिय राजनीति के कर्णधारों के मन में उसको लेकर ईर्ष्या-सी पनपने लगी थी। वे भू-दानी मुखौटा लगाकर उसमें सम्मिलित हो रहे थे। विनोबा उनकी चाल को समझते थे। देशव्यापी आंदोलन को आगे बढ़ाने के लिए अब सरकारी मदद की आवश्यकता महसूस की जा रही थी। मगर छठे दशक की समाप्ति तक राजनीति जोड़-तोड़ और स्वार्थपरता का खेल बन चुकी थी। इस कारण सरकार से किसी प्रकार के नैतिक समर्थन की उम्मीद विनोबा को न थी। परिणामस्वरूप 1971 के आस-पास ग्रामदान आंदोलन अपने ही भार तले दबकर शांत हो गया।

भू-दान आंदोलन की सफलता आगे चलकर और भी कई रूपों में सामने आई। उपद्रव ग्रस्त क्षेत्रों में अहिंसक तरीके से शांति स्थापना के लिए शांति सेना बनी। भू-दान आंदोलन की सफलता के लिए आजीवन उसके लिए कार्य करने का व्रत यानी जीवनदान बिहार में जयप्रकाश नारायण ने लिया अर्थात इन्होंने विनोबा के भू-दान यज्ञ के लिए अपना जीवन आहूत करने का निश्चय किया। इसी यात्रा में विनोबा की सर्वोदय की अवधारणा खुल कर सामने आई। सर्वोदय यानी सभी का उदय सभी का कल्याण विकास में सबकी समान सहभागिता। सरकारी आंकड़े बताते हैं कि विनोबा को लगभग 1,60,000 ग्रामदान प्राप्त हुए, जो देश के कुल गांवों की संख्या का लगभग एक तिहाई है। हर घर के लिए एक 'सर्वोदय-पात्र' की संकल्पना की गई। बिहार यात्रा के दौरान विनोबा ने लोगों से आग्रह किया कि वे अपने घर में एक पात्र रखें और हर सद्गृहस्थ उस पात्र में प्रतिदिन अंजुलि-भर अनाज डालता चला जाए। ताकि उन लोगों का जो भूखे हैं, विपन्न हैं, पेट भर सके।

विनोबा को स्वास्थ्य की समस्या आरंभ से ही थी। लंबी यात्रा की थकान वे सह ही नहीं सकते थे। लेकिन वह संत ही क्या जो अपनी सीमाओं का अतिक्रमण न कर सके। विनोबा तो रोज-रोज अपनी सीमाओं का अतिक्रमण करने के लिए विख्यात होते जा रहे थे। भू-दान यात्रा के दौरान भी उनका स्वास्थ्य खराब था। फिर भी वे प्रतिदिन दस से बारह मील यानी सत्तरह से बीस किलोमीटर तक पदयात्रा करते। यात्रा दल का अनुशासन पक्का था। प्रातः तीन बजे सब जाग जाते। प्रार्थना होती। उसके बाद यात्रा आरंभ हो जाती। भू-दान

की चाहत में सर्वोदयी कार्यकर्त्ता गांव-गांव जाते। यात्रा टोली में स्त्री-पुरुष, बच्चे-बूढ़े, जवान, आदर्शवादी स्वयंसेवक, गृहस्थ सभी होते। राजनेता, व्यापारी गरीब, मजदूर सभी के बीच विनोबा की लोकप्रियता एकसमान थी। गांव, शहर और कस्बों से लोग विनोबा के दर्शन के लिए आते। जिस गांव में विनोबा का आगमन होता, वहां के निवासी उनके दर्शन के लिए मुख्यमार्ग के किनारे-किनारे जुट जाते, हाथ में फूलमालाएं लिए। सजे-धजे, अपनी विपन्नता छिपाकर मुस्काने का प्रयास करते, मन में बदलाव की आस जगाए हुए। गांव के प्रवेशद्वार पर तोरण सजाए जाते। जैसे ही विनोबा की एक झलक ग्रामीणों को मिलती, वे संत विनोबा, संत विनोबा, भू-दानी बाबा के नाम से उनका जयगान करने लगते। विनोबा का वह स्वागत होता, जो संभवतः गांधीजी का भी नहीं होता था। वहां कुछ देर विश्राम करने के बाद कार्यकर्ता नाश्ता करते। उसके बाद सभी कार्यकर्ता गांव में फैल जाते। जगह-जगह ग्रामीणों से भेंट-मुलाकात जमती। उस समय विनोबा एक स्थान पर बैठे रहते, आगंतुकों और ग्रामीणों से बतियाते। उनके प्रश्नों का जवाब देते हुए।

दोपहरी में कुछ देर आराम करते। उसके बाद शाम की प्रार्थना का समय हो आता। प्रार्थना सभा में सैकड़ों ग्रामीणों की भीड़ होती। सभा में लोकगीत, भजन के अलावा सांस्कृतिक कार्यक्रमों की बैठक भी जमती। उसके बाद विनोबा का प्रवचन आरंभ होता। उनकी गंभीर, ओजस्वी वाणी जब सभा-मंडप में गूंजती तो चारों ओर सन्नाटा छा जाता। लोग एकाग्र होकर उनका प्रवचन सुनने लगते। प्रवचन से पहले विनोबा पूरी तैयारी कर चुके होते। जिस विषय को भी वे छूते वह जीवंत हो उठता। भारतीय धर्मग्रंथों के अलावा वे ग्रामीण जीवन से भी जीवंत चरित्र उठाते। उनके संदेश में सर्व धर्म समभाव होता। आपस में मिल-जुलकर रहने की भावना का संदेश देते। फिर भू-दान की बारी आती। सभा के समापन पर एक बार फिर प्रार्थना होती। विनोबा धर्म के नाम पर, इंसानियत के नाम पर, आपसी भाईचारे और सद्भाव के नाम पर, संस्कृति और सौहार्द के नाम पर भू-दान का आह्वान करते। उनके आह्वान से लोगों के दिल खुल जाते। दानदाताओं की कतार-सी बंध जाती।

प्रतिदिन, बिना किसी विराम, बगैर किसी साप्ताहिक अवकाश के भू-दान यात्रा अनवरत चलती रहती। विनोबा उस समय जीवन के 57 वर्ष में थे। बुढ़ापा देह पर असर जमाने लगा था। ऊपर से स्वास्थ्य अक्सर चुनौती बना रहता था। रोजाना बदलती परिस्थितियां और जलवायु उन्हें और भी परेशान करतीं। कभी

पेचिश आ घेरती, कभी वातरोग तो कभी मलेरिया अपना शिकार बना लेता। अलसर तो ताजिंदगी बना रहा। जो खाते आंत्र-शोथ के कारण उसका बहुत कम हिस्सा देह को लग पाता। फिर भी उनकी चुस्ती-फुरती देखने लायक होती। उनकी आवाज का ओज कभी मंद न पड़ता। दिमाग हमेशा तेज और जिज्ञासु बना रहता। स्वास्थ्य कारणों से यात्रा में कोई समस्या न आये, लोककार्य बाधित न हो, इसके लिए खाने-पीने का परहेज वे हमेशा रखते। अधिकतर शहद और दही पर गुजारा होता। जहां यह न मिलता, वहां केवल पानी पर दिन गुजार देते। लोग उनका श्रम और उसकी तुलना में लिया गया अल्पाहार देखकर हैरान होते और सोचते इतना कम खाकर बाबा इतना श्रम कैसे कर लेते हैं। श्रद्धावश कुछ लोग उन्हें 'भू-दानी बाबा' तो कुछ अतिउत्साही 'वरदानी बाबा' भी कहते और वे गलत भी नहीं थे। लगभग एक दशक की भू-दान यात्रा के दौरान विनोबा लाखों एकड़ जमीन भू-दान में लेकर बेजमीनों में बांट चुके थे। कृषि प्रधान अर्थव्यवस्था में बेजमीनों को जमीन मिल जाना, वरदान ही तो था।

विनोबा का नाम देश की जुबान पर था। लोग कहते–'दूसरा गांधी उनके भले के लिए गांव-गांव भटकर रहा है।' वे उनमें किसी सिद्ध-महात्मा की छवि देखते। सोचते कि विनोबा के हाथ में जादू की छड़ी है, जिसके माध्यम से पलक झपकते सारी समस्याओं का समाधान हो जाता है। विनोबा स्वयं बीमार रहते। यात्रा की थकान, पेट की बीमारी लगी ही रहतीं, फिर भी लोग विनोबा के पास अपने बीमार परिजनों को लेकर आते। स्त्रियां अपने बच्चों को विनोबा के आगे कर कहतीं–

'बाबा देखिए तो, पंद्रह दिनों से बीमार है। न हंसता है और न खेलता है। और तो और मां का दूध तक नहीं पीता। इसको आशीर्वाद दीजिए कि पहले जैसा हंसने-खेलने लगे।'

विनोबा लाख समझाते कि वे साधारण आदमी हैं। हाड़-मांस का पुतला, 'अगर हाथ में जस होता तो अपनी ही बीमारियों से न सुलट लेता।' लेकिन श्रद्धावान लोग कहां मानने वाले थे! आशीर्वाद लेकर ही टलते। विनोबा ईश्वर से प्रार्थना करते कि उनकी इच्छाएं पूरी हों। रोग-शोक का जड़ से नाश हो। ये प्रार्थनाएं किसी साधु-तांत्रिक या चमत्कारी की भांति न होकर एक संत प्रवृत्ति के व्यक्ति की ओर से थीं, जिसके मन में पूरी दुनिया के लिए दर्द था। सच्चे मन से उस समय वे यदि पीड़ित व्यक्ति को छू भी देते तो उसका दर्द घट जाता।

आत्मा को नैतिक संबल मिलता। इसे दूसरों के लिए जीने वालों की आत्मिक शक्ति का परिणाम माने या प्रकृति की सहज कृपा, बहुत से रोगी ठीक हो जाते या विनोबा के दर्शनमात्र से उन्हें अपने संकट का एहसास जाता रहता।

विनोबा उन दिनों असम की यात्रा पर थे। पांच सितंबर 1962 को विनोबा असम की सीमा पर पहुंचे, मगर इस बार अपना देश नहीं, दूसरे देश की सीमा थी–पूर्वी पाकिस्तान। विनोबा को पदयात्रा पर निकले कई वर्ष बीत चुके थे। इस बीच हजारों किलोमीटर लंबी पदयात्रा उन्होंने बिना थके, बगैर रुके की थी। पहली बार वे दूसरे देश की सीमा पर थे। विनोबा के लिए हालांकि दूसरा देश कुछ भी नहीं था, वे तो खुद को आरंभ से ही पूरे विश्व का मानते हुए आए थे। फिर पाकिस्तान, वह तो भारत का ही छोटा हिस्सा, उसी की आत्मा का टुकड़ा था। वक्त की गलतफहमियों ने उसको दूसरे देश का रूप दे दिया था। हालात ने इन दोनों देशों को दो दुश्मन पड़ोसियों के रूप में ढाल दिया था। पूर्वी पाकिस्तान से होकर पश्चिमी बंगाल तक जाने में छोटा रास्ता पड़ता था। विनोबा ने अनुमति मांगी। अब ऐसे संत को भला कौन मना करता। विनोबा न तो राजनीतिक थे, न राजनीति उनका पेशा थी। वे भारतीय जनता के चहेते थे तो पाकिस्तानी आवाम के भी। अनुमति मिल गई। उस समय जवाहरलाल नेहरू का बयान आया–'विनोबा जी की इस छोटी-सी पाकिस्तान यात्रा से दो देशों के बीच आपसी सौहार्द बढ़ेगा। मन-मुटाव कम होगा।'

विनोबा भले ही अराजनीतिक व्यक्ति हों, उनका अभियान भी मानवमात्र के कल्याण के प्रति समर्पित हो जिसके लिए देश-समाज की सीमाएं कोई मायने नहीं रखतीं। मगर लोग तो उतने सच्चे, उतने ही खरे न थे। कुछ लोगों को पाकिस्तान सरकार द्वारा रास्ता दिए जाने के काम में भी राजनीति नजर आई। आर्थिक विभाजन वहां भी था। सामंतवाद के साथ कंधे से कंधा मिलाकर जमा हुआ। वहां के जमींदार और उनकी नुमाइंदगी करने वाला बुद्धिजीवी वर्ग मानो डरा हुआ था। नहीं चाहता था कि नैतिक दबाव में आकर उसको भू-दान के लिए बाध्य होना पड़े। ऐसे लोगों द्वारा विनोबा की अराजनीतिक यात्रा का राजनीतिकरण किया गया। पश्चिमी पाकिस्तान के समाचार पत्रों ने विनोबा को अनुमति दिए जाने की खुलकर आलोचना की। कुछ लोगों ने इसको भारत की चाल बताया। अंततः पाकिस्तान के विदेशमंत्री को ही हस्तक्षेप करना पड़ा। विनोबा की यात्रा के प्रति अपनी प्रतिक्रिया देते हुए उन्होंने कहा कि–

'विनोबा जी को पूर्वी पाकिस्तान जाने की इजाजत केवल इंसानियत के नाते दी गई है। पाकिस्तान सरकार के इस कार्य की तारीफ पूरी दुनिया में हो रही है। विनोबा की पाकिस्तान यात्रा बहुत थोड़े समय की है.। इससे दोनों देशों के बीच आपसी मेल-मिलाप बढ़ेगा। हम भी भारत के साथ मेल-मिलाप चाहते हैं।'

विनोबा की कश्मीर यात्रा के दौर की बात है। जब वे पाकिस्तान सीमा के निकटवर्ती गांवों की यात्रा पर थे तो सीमा से सटे पाकिस्तानी गांवों के नागरिक भारत से जाने वाले लोगों से अक्सर यह सवाल पूछते कि–

'आपका यह बाबा हमारे पाकिस्तान कब आएगा?' वे लोग उत्तर स्वरूप कहते–

'वह इधर क्यों आएगा, आना भी चाहे तो पाकिस्तान सरकार क्या आज्ञा देगी!'

पाकिस्तानी कहते–'क्यों नहीं देगी। बाबा क्या केवल हिंदुस्तान का है!'

सच ही तो कहा था। विनोबा जैसे महापुरुषों को क्या किसी एक देश की सीमा में बांधा सकता है। विनोबा की पाकिस्तान आने की बाट जोहने वाले पाकिस्तानी नागरिकों में प्रायः भूमि से वंचित लोग थे। जिनके लिए विनोबा एक उम्मीद की किरण थे। विनोबा के पूर्वी पाकिस्तान में प्रवेश पर ऐसे लोगों में खुशी की लहर दौड़ना स्वाभाविक था। विनोबा के लिए तो देशकाल की सीमाएं न पहले थीं, न बाद में, उनके लिए पूरी दुनिया 'विश्वग्राम' थी। पाकिस्तान की धरती पर अपने पहले प्रवचन में इन्हीं अनुभूतियों का विस्तार करते हुए उन्होंने कहा–

'मैं अमन और मुहब्बत का पैगाम लेकर पाकिस्तान की आवाम के बीच उपस्थित हूं। आप सब मेरे अपने हैं। किसी तरह के परायेपन का एहसास यहां मुझे नहीं हो रहा। वही आवोहवा, वही आसमान, वही मिट्टी, वही इंसान, वही मुहब्बत-भरा दिल। हिंदुस्तानी आवाम को देखकर मेरे दिल में प्यार की जैसी लहर उठती है। वैसा ही यहां भी हो रहा है। सारी दुनिया मेरी है। मैं केवल उसका सेवक हूं। मैं 'जय जगत' कहता हूं, जिसका मतलब है कि सारी दुनिया एक है, सारे इंसान एक हैं।'

जो लोग यह सोच रहे थे कि विनोबा की पाकिस्तान यात्रा साधारण ही रहेगी, भारत विरोध की राजनीति करने वाले पाकिस्तानी राजनीतिज्ञों की भांति

वहां की जनता भी कूटनीति की भाषा बोलेगी और हिंदू विनोबा पाकिस्तान की मुस्लिम बहुल जनता के बीच उपेक्षित होकर रह जाएंगे,वे पूरी तरह गलत सिद्ध हुए। जिस रास्ते से वे गुजरते वहां की जनता विनोबा के दर्शनों को उमड़ पड़ती। लोग पैदल, गाड़ियों पर चलकर उनके दर्शनों को खिंचे चले आते। विनोबा जहां से भी गुजरते, पाकिस्तानी सरकार का धन्यवाद देने से न चूकते। फिर भी विनोबा से तेज उनकी कीर्ति पाकिस्तान की यात्रा पर थी। लोग कहते, 'हिंदुस्तान से एक फकीर आया है। वह पैदल चलता है, दान में जमीन और गांव मांगता है। अपने लिए नहीं, गरीबों के लिए। हिंदुस्तान में लाखों गरीबों का भला उसने किया है। अब पाकिस्तान के लोगों की बारी है। हिंदुस्तान के दूसरे सूबे में जाने के लिए पाकिस्तानी सरकार ने रास्ता दिया है। जिधर से वह फकीर गुजरेगा, उस इलाके के गरीबों की किस्मत संवर जाएगी।

लोगों को संबोधन के दौरान विनोबा कुरान से संदर्भ लेते। स्थानीय सांस्कृतिक प्रतीकों को भी अपने प्रवचन का विषय बनाते। पाकिस्तान यात्रा में पहला पड़ाव भरूंगामारी गांव बना। साथ चल रहे कार्यकर्ताओं ने पड़ाव के बारे में पहले ही घोषित कर दिया था। इसलिए विनोबा के पहुंचने से पहले ही हजारों की तादाद में दर्शानार्थी वहां जमा थे। विनोबा के आने की सूचना बिना पंखों के, मानो हवा पर सवार होकर गांव-गांव फैल जाती थी। विनोबा के साथ चलने वाले बहुत से कार्यकर्ता पाकिस्तान यात्रा के दौरान भी उनके साथ थे। उन्हें लग ही नहीं रहा था कि वे किसी बाहरी मुल्क में हैं। पाकिस्तान में हैं।

भारत की भांति भरूंगामारी में भी सर्वधर्म प्रार्थना सभा हुई। पाकिस्तान में यह शायद पहला अवसर रहा हो, जब हिंदू, मुसलमान, सिख और ईसाई एक साथ प्रार्थना में सम्मिलित हुई। स्थानीय नागरिक द्वारा कुरान पाठ कराया गया। प्रार्थना सभा के बाद विनोबा फिर अपने रंग में आ गए। उन्होंने पाकिस्तानी नागरिकों को संबोधित करते हुए कहा कि उन्हें यह हरगिज नहीं लगा रहा है कि वे किसी दूसरे देश में हैं। उन्होंने कहा कि हिंदुस्तान की तरह पाकिस्तान में भी गरीबी है, बेरोजगारी और विषमता है। गरीबों के कल्याण के लिए गरीबी को मिटाना होगा। कैसे मिटाना होगा, इसके लिए विचार करना है। गरीबी हिंदुस्तान में भी है। और पाकिस्तान में भी है। गरीबों की गरीबी मिटे, उनके दुःख दूर हों, उसके लिए सबको मिलकर प्रयास करना चाहिए। प्रयास कैसे होने चाहिए, इस पर भी उन्होंने बताया–

'भाइयों, आपने मुझे खिलाया-पिलाया। इस फकीर को अपना प्यार दिया। मगर गांव के गरीबों को कौन खिलाएगा-पिलाएगा, कौन उन्हें प्यार देगा, कौन उनके सुख-दुःख का इंतजाम करेगा।'

लोग चुप हो गए, सभा में सन्नाटा व्याप गया। भारत में विनोबा के कारनामे के बारे में वे लोग सुन चुके थे। गरीब लोगों के दिल धड़क रहे थे। भारत में तो इस फकीर के आह्वान पर दानदाताओं की कतार लग जाती है। पाकिस्तान में कौन आएगा। कुछ देर सन्नाटा भांय-भांय करता रहा। विनोबा अपने आसन पर शांतचित्त बैठे रहे। थोड़ी देर बाद एक व्यक्ति खड़ा हुआ। चेहरे पर नूरानी चमक और विश्वास लिए हुए। मानो भीतर से कोई दिव्य प्रेरणा उभर रही हो। विनोबा को संबोधित कर उसने कहा–

'बाबा, मेरे पास कुल चार एकड़ जमीन है। मेरा परिवार बड़ा है। घर में कई खाने वाले हैं। फिर भी एक बीघा जमीन तो मैं दे ही सकता हूं।'

साथ चल रहे कार्यकर्ताओं ने दानपत्र उसकी ओर बढ़ा दिया। दानपत्र पर हस्ताक्षर करते समय उस व्यक्ति की अंतः चेतना एक बार पुनः प्रबल हो उठी। वहां मौजूद एक-एक व्यक्ति को चमत्कृत करते हुए उस आदमी ने कहा–

'एक बीघा से उस गरीब का गुजारा कैसे चलेगा। एक एकड़ ही लिख लीजिए। रजिस्ट्री कराने का खर्च भी मैं ही दे दूंगा।'

उस व्यक्ति का नाम था अब्दुल खालिफ मुंशी। उसकी खुद की आर्थिक हालत भी बहुत टिकाऊ न थी। लोगों की आंखें झरझरा उठीं। खुद विनोबा भी भावविह्वल हो उठे। पाकिस्तान के उस रामचंद्र रेड्डी के कंधे पर हाथ रखकर बोले, 'मैं आपके लिए ईश्वर से प्रार्थना करूंगा।'

भारत में विनोबा की यात्रा का प्रबंध कार्यकर्ता और स्थानीय निवासी करते थे। पाकिस्तान में वे सरकारी अतिथि थे। इसलिए नियमानुसार पुलिस उनके साथ रहती। भरूंगामारी में पुलिस भी विनोबा का चमत्कार देखकर दंग थे। जिस जमीन के एक-एक अंश के लिए लोग अपनो की लाशें बिछा देते हैं, झूठ बोलते हैं, पाप करते हैं, बेईमानी से दूसरे का हिस्सा दबा जाते हैं, वही जमीन एक आदमी अपनी मर्जी से खुशी-खुशी दूसरों के नाम लिख रहा था–अब्दुल खालिफ मुंशी, पाकिस्तान का रामचंद्र रेड्डी, पाकिस्तान का भरूंगामारी गांव, भू-दान की पहल का साक्षी, भारत का पोचनपल्ली बन बन गया। भारत के रामचंद्र रेड्डी तो बड़े जमींदार थे। पर अब्दुल खालिफ तो मात्र चार एकड़ जमीन

का मालिक ठहरा उस पर उसका बड़ा परिवार दानपात्र पर दस्तखत होते ही लोग भारत और पाकिस्तान की जय के नारे लगाने लगे। विनोबा ने उन्हें समझाया कि इंसानियत को देशों की सीमाओं में मत बांधिए। 'जय जगत' बोलिए। पाकिस्तान यात्रा के दौरान पहले दो दिन तो दर्शानार्थी भारत और पाकिस्तान की जीत के नारे लगाते रहे। फिर वे नारे 'जय-जगत' में बदल गए। लोगों ने मनुष्यता का एक नया पाठ पढ़ा। 'वसुधैव कुटुंबकम्' की औपनिषदिक् भावना साकार होने लगी।

यात्रा आगे बढ़ गई, पूरे जोश और हुजूम के साथ। रास्ते में विनोबा से तरह-तरह सवाल करते। विनोबा भी खुले मन से उनका जवाब देते। दूर-दूर से उनसे मिलने के लिए लोग आते। अगले पड़ाव में वे अपने कारवां के साथ पगलागीर गांव पहुंचे। लोग पहले की तरह वहां उपस्थित थे। छोटे-से गांव में दूर-दूर से चलकर आए लोग। उन्हीं लोगों में एक सुदर्शन युवक भी था, हाथ में कैमरा लिए हुए। स्थानीय नागरिकों में से कई उसको पहचानते थे। वह एक अभिनेता था, जो विनोबा से मिलने के लिए ढाका से चलकर पहुंचा था। उस युवक ने तीन एकड़ जमीन का दानपत्र लिखा और विनोबा को नमन कर वापस लौट गया। खुद को अभिनेता बताते हुए उसने कहा कि बाबा के दर्शनों के लिए दूर ढाका से चलकर आया हूं।

विनोबा के लिए यह क्षण नया नहीं था। पहले भी ऐसे अवसर आए थे जब लोग उनके प्रति अपनी श्रद्धा का प्रदर्शन करने दूर-दराज से चलकर उनसे मिलने पहुंचते थे, पर पराए देश में। ऐसे देश में जो भारत को अपना सबसे बड़ा दुश्मन मानता आया हो, जहां के नागरिकों के दिलों में विभाजन की त्रासदी अभी भी जिंदा हो, वहां के लोगों का इतना प्यार देखकर विनोबा का दिल भी पिघलने लगा। इसमें कोई अनूठी बात भी नहीं थी। दूसरों के कल्याण के लिए अपना जीवन जीने वालों, निष्प्रह और अपरिग्रही लोगों का जनता इसी तरह खुले दिल से स्वागत करती रही है। पगलागीर में पांच दानदाताओं ने भू-दानपत्र विनोबा को सौंपे, मगर एक व्यक्ति का दान वहां मौजूद सभी को भावाकुल कर गया।

नंगे पांग गांव-गांव जाकर दूसरों के लिए जमीन मांगने वाले विनोबा की ख्याति सुनकर उनके दर्शनों की साध ले एक गरीब लड़का सभा में पहुंचा। उसके तन पर साधारण कपड़े थे। विनोबा के पास पहुंचकर उस लड़के ने जेब में हाथ डाला। कुछ रुपये बाहर निकाले और विनोबा की ओर बढ़ाते हुए बोला–

'बाबा, मुझ गरीब के पास जमीन नहीं है। दान देने के लिए कोई बड़ी संपत्ति भी नहीं। चना-चबैना बेचता हूं। बड़े प्रयत्न से चना-चबैना बेचकर पांच रुपए जमा किए हैं। आप इन्हें स्वीकार कर लेंगे तो मेरी यात्रा सफल हो जाएगी।'

विनोबा ने रुपए ले लिए। दानपत्र लिख दिया गया। लड़के के कंधे पर हाथ रख प्यार और आशीर्वाद देते हुए विनोबा बोले—

'तुम्हारा दान किसी भू-स्वामी से कम नहीं है। मैं इसका मोल नहीं चुका सकता। अल्लाह तुम्हें बरकत दे। वही तुम्हारे दान कर हिसाब रखेगा।'

पगलागीर से यात्रा-दल आगे बढ़ गया। रास्ते में नए लोग मिले। भजन-कीर्तन के साथ-साथ विचार-विमर्श चलता रहा। लोग विनोबा से भारत और पाकिस्तान के बीच व्याप्त तनाव पर बात करना चाहते। पूर्वी पाकिस्तान के लिए ब्रह्मपुत्र नदी की बाढ़ एक समस्या थी। नदी जब उफनती तो आसपास के इलाके को अपने आगोश में ले लेती, फसलें तबाह हो जातीं, घर-झोपड़ियां और मवेशी बह जाते, बाढ़ के बाद बीमारियों का दौर चलता, हैजा, खांसी, बुखार और दूसरी जानलेवा बीमारियों से जनजीवन त्रस्त हो उठता। किसी ने विनोबा से प्रश्न किया, इस बाढ़ का कोई समाधान बताइए बाबा। विनोबा तो संगठन और समन्वय के पक्षधर थे। बोले—

'भारत और पाकिस्तान दोनों देशों को इसके लिए मिलकर काम करना होगा।'

'क्या दोनों देश इस मुद्दे पर एक साथ होंगे?'

पता चला कि सरकारें राजनीति करती हैं। वे लोक कल्याण के किसी मुद्दे पर शायद ही एक मंच पर आएं, लेकिन आवाम के लिए उसकी समस्याएं प्रमुख हैं। उसके लिए राजनीतिक दांव-पेंच से अधिक रोजमर्रा की मुश्किलों से निजात पाना है। ये समस्याएं दोनों तरफ लगभग एक जैसी हैं। विनोबा अपनी यात्रा को राजनीतिक होने से बचाए रखना चाहते थे। उन्होंने लोगों से मिल-जुलकर रहने और संबंधों में राजनीति को न लाने की अपील की।

भू-दान यात्रा के दौरान ही विनोबा को पदयात्रा का महत्त्व समझ में आया। उन्हें समझ आया कि समाज में अच्छे लोगों की बहुतायत है। जरूरत उन्हें अपनी सच्चाई का भरोसा दिलाने, अपने आचरण द्वारा उनकी अच्छाइयों को सामने लाने की है। अपने इसी विश्वास की खातिर वे लगातार तेरह वर्ष तक पदयात्रा करते रहे। 12 सितंबर, 1951 को पवनार आश्रम से शुरू हुई

उनकी यात्रा लगभग 13 वर्ष पश्चात यानी 10 अप्रैल, 1964 को वहीं पहुंचकर संपन्न हुई। इस बीच उन्होंने पूरे देश की पदयात्रा की। हजारों किलोमीटर पैदल चले। विनोबा की पदयात्राओं से पूरे देश में एक नैतिक वातावरण बना था। इसलिए उसका उपयोग देश की अन्य जटिल समस्याओं के निदान के लिए करने का विचार भी बना। चंबल की तलहटी में बसे गांववालों ने विनोबा के आगे जाकर गुहार की। बाबा, हमारे पास थोड़ी-बहुत जमीन भी है। लेकिन डाकू हैं कि खेती ही नहीं करने देते, वे हमारी सारी कमाई लूट ले जाते हैं, ना करो तो गोली मार देते हैं, हमारे बच्चों का अपहरण करके ले जाते हैं और नहीं तो खड़ी फसल को ही आग लगा देते हैं।

कानून की नजर में डाकू अपराधी थे। इसलिए सरकार ने अपने सिपाही डाकुओं की खोज में छोड़ रखे थे। कभी आमना-सामना हो जाता, तो कभी डाकू चकमा देकर निकल जाते। आमने-सामने की लड़ाई कभी सिपाही दो-चार डाकुओं की लाश बिछाने में कामयाब भी हो जाते। कभी इसका उल्टा भी हो जाता। डाकुओं की लाशें बिछतीं तो सरकार और कानून अपनी पीठ थपथपाते। सिपाहियों की मौत पर डाकू समस्या पर चर्चाएं आम हो जातीं। इस बीच खबर मिलती कि घाटी में उससे कहीं ज्यादा नए डाकू बढ़ चुके हैं। कानून मन मसोसता। उनसे निपटने के नाम पर कुछ सिपाही व सैनिक भेजता। नए-नए चक्रव्यूह डाकुओं को फंसाने के लिए बनाए जाते। मगर समस्या ज्यों की त्यों बनी रहती।

विनोबा सोचते कि समस्या सिर्फ लूट-खसोट की नहीं है। कहीं न कहीं वह संपत्ति और संसाधनों के असमान बंटवारे से जुड़ी है। डाकू भी आखिर इंसान हैं। जब तक आसानी से खाने को मिलेगा, तब तक कोई बीहड़ का रास्ता क्यों चुनेगा। वह कहते थे कि दोष डाकुओं का नहीं, उस बंदूक का है, जो उन्हें हिंसा की ओर ले जाती है। मई 1960 में चंबल के बीहड़ों में ही विनोबा को आशातीत सफलता प्राप्त हुई थी। अनेक खूंखार डाकू जो वर्षों से पुलिस और प्रशासन को छकाते आ रहे थे, उन्होंने विनोबा के आगे अपने हथियार डाल दिए थे। उनमें एक खूंखार डाकू लालमन भी था।

7 जून 1966 को विनोबा गांधी से मिले पूरे पचास वर्ष बीत चुके थे। इस बीच गांधी जी के आदर्शों को उन्होंने संभवतः गांधी जी से भी अधिक पवित्रता के साथ जिया था। लेकिन अब उन्हें लगने लगा था कि बाहरी यात्रा का दौर पूरा हो चुका है। अब उन्हें अपने भीतर की यात्रा करनी होगी। भारत-भर का

भ्रमण करने के बाद 2 नबंवर 1969 को अपने आश्रम पवनार में लौट आए और यह तय कर लिया कि अब वे एक स्थान पर टिके रहकर अध्यात्म चिंतन करेंगे। 25 दिसंबर 1974 को उन्होंने अपना मौनव्रत आरंभ कर दिया। 1976 में उन्होंने गौकशी के विरोध में अनशन आरंभ किया।

भू-दान ऐसा आंदोलन था जिसे पश्चिम में संभवतः गांधी जी के सत्याग्रह आंदोलन से भी अधिक सराहना मिली। अमेरिका के लुइस फिश्चर ने लिखा–

'ग्रामदान हाल के दौर में पूर्व की ओर से आने वाला सबसे रचनात्मक विचार है।'

अल्फ्रेड टेनीसन के पोते हेलम टेनीसन ने विनोबा के साथ कई वर्षों तक पदयात्रा की थी। भू-दान से जुड़े अपने अनुभवों को उसने एक पुस्तक की शक्ल में दी, जिसका शीर्षक है,'पदयात्रा। पर संत भारत में अमेरिकी राजदूत चेस्टर बाउल ने अपनी पुस्तक 'शांति के सोपान' में भू-दान के बारे में अपने अनुभवों का उल्लेख करते हुए लिखा कि हमने पाया कि 1955 में भू-दान आंदोलन भारत-भर में परिवर्तनकारी संदेश दे रहा था। उसने साम्यवाद के विरुद्ध एक क्रांतिकारी विचार बनकर सामने आया, जिसने मानवीय आत्म-सम्मान और अस्मिता को नए सिरे से स्थापित किया।

भू-दान ने न केवल भारत में बल्कि दुनिया के उद्योगपतियों पर भी अपना प्रभाव छोड़ा। ब्रिटिश उद्योगपति अर्नेस्ट बार्डर ने भू-दान आंदोलन की सफलता से प्रेरित-प्रभावित होकर अपनी कंपनी के 90 प्रतिशत शेयर कंपनी के कर्मचारियों में बांट दिए। एक आंदोलन के रूप में भू-दान को खूब सराहना मिली। उसको परिवर्तनकारी आंदोलन माना गया। हालांकि कुछ विद्वानों ने उसकी जमकर आलोचना भी की। जितने दिन आंदोलन चला उतने दिन संयुक्त राष्ट्र के समाचारपत्र आंदोलन की खबरों से भरे रहते थे। न्यूयार्क टाइम्स, दि नयू यार्कर जैसे अखबारों में आंदोलन को लेकर नित्यप्रति कुछ न कुछ प्रकाशित होता था। सुप्रसिद्ध 'टाइम' पत्रिका ने विनोबा का चित्र अपने मुख्य पृष्ठ पर छापकर उनके प्रति अपने सम्मान का प्रदर्शन एवं भू-दान को अपनी नमन प्रस्तुत किया था।

भू-दान के दौरान देश भर में कुल 41,94,270 एकड़ जमीन प्राप्त हुई। विड़ंबना देखिए कि 1975 तक सरकार उस जमीन में से केवल 12,85,738 एकड़ ही भूमिहीनों को बांट पाई थी। 18,57,398 एकड़ जमीन को बंटवारे के अयोग्य पाया गया। ब्रिटेन का डोनाल्ड ग्रूम सर्वोदय कार्यकर्ताओं के साथ पूरे छह महीने

साथ रहा और इस अवधि में उसने 2200 किलोमीटर से अधिक की पदयात्रा की। आर्थर कोस्टलर ने 1959 में लंदन आबजर्बर में लिखा कि भू-दान आंदोलन ने नेहरू के पश्चिम से प्रेरित विकास के मॉडल का सार्थक स्वदेशी विकल्प दुनिया के सामने रखा। जितने दिन भू-दान आंदोलन चला, अमेरिकी अखबार उसके समाचारों से भरे रहते थे। न्यूयार्क टाइम्स और न्यूयार्क जैसे प्रतिष्ठित समाचार पत्रों ने विनोबा पर कई लेख प्रकाशित किए।

अगर हम गांधी के जीवन को देखें तो उसमें हमें कई विचलन दिखाई पड़ेंगे। बचपन में चोरी करने से लेकर अपने सेक्स के विवादित प्रयोगों तक। वहां गांधी का महात्मापन कई बार हमें चौंकाता है तो अनेक बार हमारे मन में क्षोभ और जुगुप्सा का संसार करता है। इसके विपरीत विनोबा का जीवन एक संत का कल्याणकारी जीवन है। संभव है बचपन की कुछ स्वाभाविक गलतियां विनोबा ने भी की हों और उन्हें गांधी जी की तरह सार्वजनिक करने का साहस उनमें न रहा हो। तो भी यह सत्य है कि आरंभ से ही संन्यास उन्हें आकर्षित करता रहा था। मां की आध्यात्मिक शिक्षा उन्हें इस संसार की मोह-माया से निर्लिप्त रखती रही। इसलिए किशोर विनोबा अपने सारे प्रमाणपत्र आग के हवाले कर देते थे। उस समय तक उन्होंने गांधी जी का नाम भी नहीं सुना था। बस एक ही साध थी, हिमालय में जाकर तापसी जीवन जीने की। तुकाराम, शंकराचार्य और समर्थ गुरु रामदास उनके आदर्श थे। इस चाहत को मां रुक्मिणी बाई यह कहकर कि 'अगर मैं पुरुष होती तो बताती कि संन्यास क्या होता है और भी हवा देती रहीं। मां ने उन्हें संन्यास की ओर ले जाने की मदद की। उन्हें अपरिग्रही और आत्मसंतोषी जीव बनाया तो गांधी जी ने उन्हें कर्मयोग से जोड़ा। विनोबा के जीवन में मां रुक्मिणी बाई और गांधी दोनों में से किसका योगदान अधिक है, यह कह पाना कठिन है। इतना अवश्य कहा जा सकता है कि उनके जीवन और आचरण में गीता जैसी विविधता है। उसमें भक्ति है और ज्ञानयोग भी कर्मयोग है और चरैवेति-चरैवेति की भावना भी बचपन में मां रुक्मिणी बाई विनोबा को यदि संन्यास की ओर न ले जातीं तो उनका नैतिक आभामंडल शायद उतना ऊंचा न उठता। ऐसे में भू-दान जैसे आंदोलन की सफलता संद्धिग्ध ही थी। गांधी जी जब आहवान करते थे तो स्त्रियां अपने घरों से निकल आती थीं। अपने कीमती गहने और वस्त्राभूषण दान कर देती थीं। विनोबा जब आहवान करते हैं तो किसान जमींदार और सामंत जो उससे पहले जमीन के लिए खून-खराबा और मारकाट करते आए थे,

जिसके एक कूंड के लिए गांवों में लाशें बिछ जाया करती थीं, वे उस जमीन को खुशी-खुशी दान कर देते हैं, ताकि वह गांव के ही भूमिहीनों के पेट भरने के काम आ सके।

उल्लेखनीय है कि भू-दान की संकल्पना का जन्म गांधी जी की मृत्यु के लगभग तीन वर्ष बाद हुआ था। स्वयं विनोबा भी कहां सोचते थे कि जिस जमीन के लिए महाभारत हुआ, लोग आपस में लड़-मर जाया करते हैं, उससे इतनी आसानी से अधिकार छोड़ने को राजी हो जाएंगे। निश्चित रूप से इसके पीछे रूस और चीन की क्रांतियों का भी हाथ था। जहां आंदोलनकारियों ने आततायी जमींदारों को विषैली गैसों के चेंबर में बंदकर मौत की सजा दी थी। उनपर तेलगांना के कम्युनिस्टों का भी दबाव था, जिन्होंने अपने अधिकारों और न्याय के लिए संघर्ष की राह चुनी थी। इससे जागीरदारों और सामंतों को लगने लगा था कि यदि उन्होंने गरीबों को खुशी-खुशी उनका हक नहीं दिया तो भारत में भी हिंसक क्रांति होने से वे रोक नहीं पाएंगे। यह उन्होंने तेलगांना में देखा था। बंगाल में भी ऐसी ही परिस्थितियां बन रही थीं। बाद में किसी किसान ने जो भू-दान करने के बाद टिप्पणी भी की थी कि विनोबा ने हमें उग्र कम्युनिस्टों के कोप से बचाया है। वरना हमारा हाल भी चीन और रूस के किसानों जैसा हुआ होता।

विनोबा के भू-दान को विश्वव्यापी ख्याति मिली। राजनीतिक कारणों से यूरोपीय इतिहासकार और विद्वान गांधी जी के आंदोलन और उनके सत्याग्रह पर उतना सकारात्मक नहीं लिख पाए थे, जितना अपेक्षित और न्यायसंगत था। मगर विनोबा के भू-दान पर उन्होंने खूब लिखा। कई विदेशी पत्रकार वर्षों तक विनोबा की भू-दान यात्रा में उनके साथ रहे और उसके सकारात्मक प्रभाव को दुनिया के सामने लाते रहे। 1951 में विनोबा ने शिवराम पल्ली जाने के लिए पवनार छोड़ा था। उसके बाद वे 1964 तक भू-दान के काम से बाहर ही रहे। इन तेरह वर्षों में उन्हें दान-स्वरूप चालीस लाख एकड़ से अधिक भूमि दान में प्राप्त हुई। अपने अंतिम वर्षों में भू-दान का प्रभाव वह नहीं रह गया था जो उसके आरंभिक वर्षों में था। आंदोलन की असफलता में उन अवसरवादी लोगों का भी हाथ था जो विशुद्ध राजनीतिक महत्त्वाकांक्षाओं के कारण विनोबा के साथ जुड़े थे। फिर भी भू-दान की उपलब्धियां अतुलनीय थीं। वह एक सच्चा परिवर्तनकारी आंदोलन था।

प्रश्न उठता है कि इतनी अप्रतिम कामयाबी के बावजूद भू-दान को क्यों भुला दिया गया? उनके विरोधी उन पर कांग्रेस सरकार और इंदिरा गांधी के अंद्ध समर्थक होने का आरोप लगाते हैं। विनोबा ने आपातकाल का समर्थन 'अनुशासन पर्व' कहकर किया था, जो उनके विरोधियों को बुरा लगा। बल्कि इससे जयप्रकाश नारायण जैसे उनके समर्थक भी विनोबा से परे छिटक गए। लेकिन सत्ता में आने के बाद जनता पार्टी और उसके नेताओं जो धत्कर्म किया, उसके छोटे-से कार्यकाल में जैसी अराजकता पनपी और उसके बाद लोगों में जो गुस्सा और असंतोष फैला, जिससे इंदिरा गांधी की सत्ता वापसी संभव हुईउसे देखकर तो लगता है कि विनोबा ने गलत नहीं कहा था। वे जनता पार्टी तथा उसके नेताओं के अवसरवादी चरित्र को समझते थे। इसलिए उन्होंने आपातकाल को अनुशासन पर्व समझने-कहने की भूल कर बैठे थे। यहां उल्लेखनीय है कि विनोबा कोई राजनीतिक जीव नहीं थे। होते तो अपने वक्तव्य को घुमा-फिराकर ऐसा मोड़ दे सकते थे, जिससे की दोनों अर्थ निकाले जा सकें, परंतु विनोबा ने न तो कभी अपने तर्क का खंडन किया न कभी पछतावा व्यक्त किया। बल्कि बाद में उनका मौन और गहरा गया, जो आगे उनकी मृत्यु तक बना रहा।

1965 में उड़ीसा में बाढ़ आई हुई थी। जुलाई-अगस्त 1965 में मूर डिक्सन ने उड़ीसा के गांवों का निरीक्षण किया। उससे पहले के वर्षों में मानसून असफल होने के कारण उड़ीसा समेत पूर्वी भारत के कई हिस्सों में अकाल जैसी स्थिति बन चुकी थी। स्थानीय नागरिकों की याद में उससे ठीक एक शताब्दी पहले का वह भीषण अकाल पसारा हुआ था, जिसने कुछ ही वर्षों में उड़ीसा और आस-पास के इलाकों की लगभग एक-चौथाई आबादी को अपना शिकार बनाया था। इस बार भी पहले सूखे 1965 में भी सूखे के हालात लगभग वैसे ही थे। कई जिलों की जमीन सूखे के कारण परती पड़ चुकी थी। हालांकि अब हिंदुस्तान आजाद था और सरकार तथा स्वयंसेवी संगठन बचाव कार्य में जी-जान से जुटे हुए थे। हालांकि सरकार ने हालात की गंभीरता का अनुमान देरी से लगाया था। तब तक सूखे और कुपोषण के कारण सैकड़ों जाने जा चुकी थीं। सरकार उसको अकाल घोषित करने से बच रही थी। दूसरी ओर विदेशी अखबार बार-बार अकाल की चेतावनी दे रहे थे। उसी दौर में मूरे डिक्सन ने उड़ीसा के गांवों में सूखे और राहत कार्यों की स्थिति का जुलाई 1966 में निरीक्षण किया था।

उस समय तक राहत कार्यों को शुरू हुए कुछ महीने बीत चुके थे। लोगों को भोजन के साथ-साथ मुफ्त दवाइयां भी उपलब्ध कराई जा रही थीं। अंतरराष्ट्रीय संस्था रेडक्रास उन गरीब बच्चों की देखभाल में लगी थी, जिनकी माताएं कुपोषण के चलते उन्हें स्तनपान कराने में असमर्थ थीं। निरीक्षण के दौरान मूर ने पाया कि एक गांव ऐसा था, जहां प्राकृतिक सूखे के बावजूद लोगों के जीवन पर उसका बहुत कम प्रभाव हुआ था। हालांकि वहां के नागरिकों ने सूखे के प्रकोप को उतनी ही बुरी तरह झेला था, जैसा कि आसपास के ग्रामवासियों ने। इसके बावजूद वे उसकी विभीषिका से खुद को बचाए हुए थे। अपने इस अनुभव का डिक्सन ने बड़ा ही मर्मस्पर्शी वर्णन किया है, अपनी पुस्तक COMMUNITY DEVELOPMENTAND THE GRAMDAN MOVMENT IN INDIA में उन्होंने लिखा है कि—

'सूखाग्रस्त क्षेत्र की अपनी यात्रा के दौरान में एक ऐसे गांव में पहुंचा जहां किसी प्रकार के राहत कार्य की आवश्यकता नहीं थी। यद्यपि वहां के निवासी सूखे के भयावह दौर से गुजर चुके थे। लेकिन उन्होंने बिना किसी बाहरी मदद के उसका सफलतापूर्वक सामना किया था। उन पर आस-पास के गांवों की अपेक्षा सूखे का कम असर था। उनकी यह उपलब्धि सराहनीय थी। मैंने उनसे पूछा कि उन्होंने अपने बचाव के लिए क्या किया? उसके जवाब में गांव के प्रमुख व्यक्तियों ने जो कहा, उसको मेरे साथ चल रहे अनुवादकों के माध्यम से मैंने सुना, 'हमारा गांव ग्रामदान गांव है। इसलिए हम अपनी समस्याओं का निवारण ग्राम परिषद में आपसी विचार-विमर्श के द्वारा करने में विश्वास रखते हैं। हम मिल-बांटकर खाने में विश्वास रखते हैं। हमारा प्रयास रहता है कि अपने गांव को अधिकतम की सीमा तक आत्म-निर्भर बनाएं। इसलिए पिछले वर्ष जब मानसून की उदासीनता के चलते यह स्पष्ट हो चला था कि आने वाले महीने भारी सूखे के होंगे। खेत खाली रह जाएंगे, तब ग्राम-परिषद ने आपसी परामर्श से आने वाली परिस्थितियों का सामना करने के लिए योजनाएं बनाना आरंभ कर दिया था। ग्राम-परिषद में विचार-विमर्श के दौरान अनेक व्यक्तियों ने बड़े उपयोगी सुझाव दिए। जैसे कि कुछ आदमी यह बताने में निपुण थे कि आने वाले दिनों में कौन-कौन से काम कर सकते हैं। उसी दौरान एक आदमी ने परिषद को बताया कि वह अभी भी अपनी परंपरा का पालन करते हुए घर में एक वर्ष का अनाज आरक्षित रखता है। उसने खुशी-खुशी सुझाव दिया कि

सुरक्षित अनाज को वह गांव वालों के साथ मिल-बांट सकता है। उस व्यक्ति की बात का असर हुआ। इससे दूसरे व्यक्ति भी उन वस्तुओं का साझा करने को तैयार हो गए, जिसका दूसरे व्यक्तियों के पास अभाव था। अंततः हमने एक योजना बनाई, पूरे गांव के लिए एक कार्यनिर्देशिका। उस योजना से हमें अपने गांव के सर्वांगीण विकास हेतु, उपलब्ध संसाधनों का उपयोग करते हुए योजना बनाने में मदद की। ध्यान यह रखा गया कि गांव का एक भी व्यक्ति भूख से त्रस्त न हो।

हमारे द्वारा ग्रामदान का संकल्प लिए जाने से पहले सूखे की आपदा गांव के हर किसान के लिए उसकी निजी समस्या होती थी जिसका सामना कुछ परिवार तो बहुत आसानी से कर लेते थे, जबकि कुछ इससे तबाह हो जाते थे। ग्रामदान ने हमें मिल-जुलकर करना सिखाया, हमें यह भी सिखाया कि हम कैसे दूसरों के सुख-दुःख में साथ दें, कैसे उनके हितों की सुरक्षा करें।'

गांधी जी अस्पृश्यता विरोधी आंदोलन के माध्यम से हरिजनों को कांग्रेस से जोड़ा था। सत्याग्रह को एक आंदोलन से अधिक विचार की मान्यता प्राप्त थी। बाद में यही काम विनोबा ने भू-दान आंदोलन का विकल्प देश को दिया और उसके माध्यम से लाखों-करोड़ों दलितों, गरीब लोगों को कांग्रेस से जोड़कर किया। उन्हीं के दम पर कांग्रेस 25 वर्षों तक निष्कंट राज करती रही। इन आंदोलनों को मिली अप्रत्याशित कामयाबी के पीछे भी यही तथ्य था कि जनता उन्हें विचार के रूप में स्वीकार चुकी थी। 1951 से पहले विनोबा का जीवन आध्यात्मिक कार्यकर्ता का रहा। गांधी जी के अनुशासित शिष्य के रूप में उन्होंने सत्याग्रह आंदोलन में भी हिस्सा लिया। भू-दान की कोई रूपरेखा उस समय तक विनोबा के मन में न थी। भू-दान आंदोलन का रास्ता दिखाने वाला तो किसान रामचंद्र रेड्डी था। संभव है कि भू-दान के समय कम्युनिस्टों का डर भी उसकी प्रेरणा रहा हो। मगर उससे जो राह प्रशस्त हुई उसने देश में भू-वितरण संबंधी असमानताओं, ग्रामीण जीवन की विसंगतियों और संसाधनों के असमान वितरण से उत्पन्न समस्याओं के निदान का एक सार्थक रास्ता देश दुनिया को दिखा दिया। जनता पार्टी के शासनकाल के दौरान जो लोग विनोबा का विरोध कर रहे थे, वे दरअसल उस विचार की आलोचना कर रहे थे, जो समानतावादी, समताधारी दृष्टिकोण से प्रेरित हो सकता था।

एक वक्तव्य के दौरान विनोबा को सरकारी संत की उपाधि दी गई। पूछा जा सकता है कि आपातकाल को अनुशासन पर्व कहना क्या इतनी बड़ी भूल थी कि इसके लिए उनके भू-दान जैसे आंदोलन को भुला दिया जाए। उल्लेखनीय है कि भू-दान ने गांधीवादी विचारधारा के समर्थक राजनीतिक एवं सामाजिक-कार्यकर्ताओं की एक पूरी पीढ़ी तैयार की थी, जिसने आगे चलकर कांगेस सरकार को जीवनदान दिया। मौन के बावजूद विनोबा के जीवन के अंतिम वर्ष सक्रियता से भरपूर थे। उन्होंने स्त्री शक्ति के उत्थान, स्त्रीवादी विमर्श को आगे ले जाने के लिए भी समय-समय पर आंदोलन किए। भारत की तीन-चौथाई आबादी कृषि पर निर्भर है और कृषि बैल पर। ग्रामीण जीवन में कृषि का महत्त्व पहचानते हुए विनोबा ने गौकशी के विरुद्ध आंदोलन भी छेड़ा। हालांकि उसके लिए भी उन्हें काफी आलोचनाओं का सामना करना पड़ा। जयप्रकाश नारायण ने भू-दान आंदोदन के लिए अपना सर्वस्व दान करने का संकल्प लिया था, बिहार में आंदोलन को सफल बनाने के लिए उन्होंने विनोबा के साथ पदयात्राएं भी कीं। पर इससे राजनीति ही अधिक पनपी।

सत्तर के दशक के मध्य में विनोबा 'सर्व सेवा संघ' में अलग-थलग पड़ने लगे थे। इंदिरा गांधी द्वारा थोपे गए आपातकाल के विरोध में जयप्रकाश नारायण ने भू-दान के बजाय अपना लक्ष्य कांग्रेस की नेता इंदिरा गांधी को हटाने का बना लिया और वे अपने एकसूत्री कार्यक्रम के प्रति समर्पित हो गए। क्या यह काम भू-दान आंदोलन जितना ही महत्त्वपूर्ण था? इस बात पर बहस हो सकती थी। मगर इसने चतुराई पूर्वक, आपातकाल के बहाने से, सर्वोदय और भू-दान के समानतावादी विचार को ही मीडिया से गायब कर दिया गया। यह सामाजिक परिवर्तन की जरूरत और भू-दान जैसे परिवर्तनकारी आंदोलन को बहस से बाहर ले जाने के लिए रची गई साजिश थी जिसके लिए आपातकाल को माध्यम बनाया गया था। 15 नबंवर 1982 को विनोबा ने अंतिम सांस ली। विनोबा को पेट के अल्सर की बीमारी वर्षों से थी। इस कारण वे अपना जीवन शहद और दही के सहारे बिताते आ रहे थे।

अप्रैल 1951 का महीना परिवर्तनवादियों के लिए खास अविस्मरणीय है। विशेषकर उनके लिए जो आर्थिक-सामाजिक समानता का सपना देखते हैं, जिनके लिए मनुष्यमात्र में एकसमानता है। स्पष्ट है कि उससे मात्र पंद्रह महीने पहले अर्थात 26 जनवरी 1950 को भारतीय संविधान लागू किया गया था

जिसके साथ देश को प्रभुसत्ता संपन्न गणराज्य घोषित किया गया था। संविधान के माध्यम से देश में समानता पर आधारित कानून-व्यवस्था लागू करने, आर्थिक-सामाजिक समानता के लिए निरंतर प्रयास करने की कसमें भारतीय कर्णधारों ने खाई थी। उससे ठीक तीन वर्ष पहले ही महात्मा गांधी का अवसान हुआ था। लेकिन भारतीय राजनीति पर उनके विचारों का असर था। नेहरू, पटेल, पंत समेत अनेक नेता जिन्होंने महात्मा गांधी के साथ स्वाधीनता आंदोलन में हिस्सा लिया था, उस समय भारतीय राजनीति में थे। हालांकि ऐसे भी अनेक नेता थे, जो महात्मा गांधी के आदर्शों को बिसराकर केवल निहित स्वार्थों के लिए ही काम कर रहे थे। फिर भी राजनीति पर गांधीजी के विचारों का असर था। हालांकि कुछ नेता यह मान चुके थे कि गांधीजी के विचारों को व्यावहारिकता के धरातल पर लोगों को लग रहा था, कि आजीवन राजनीति से दूर रहने वाले उस विनोबा भावे अंततः राजनीति के शिकार हुए थे। वर्तमान राजनीति की कमजोरी यह है कि वह हर विचार अथवा वस्तु को उसकी तात्कालिक उपयोगिता के आधार पर आंकती है और जो विचार तात्कालिक नहीं है, जो दूरगामी प्रभाव देने वाला है, वह बहुउपयोगी होने के बावजूद नकार दिया जाता है। परिणामस्वरूप आमूल परिवर्तन हर बार आगे टलता जाता है। कहा जा सकता है कि स्वातंत्रयोत्तर भारत में जिन महापुरुषों के आकलन में विद्वानों से चूक हुई उनमें विनोबा भावे भी हैं। वे राजनीति का शिकार हुए। विद्याधर सूरज नायपाल जैसे लेखक भी विनोबा के आलोचकों में से एक हैं। अनंत विजय ने अपने एक लेख में नायपाल के विनोबा संबंधी विचारों को प्रकट किया है। उन्हें पढ़कर हैरानी होती है कि कोई संवेदनशील लेखक भला ऐसी टिप्पणी कैसे कर सकता है। लेख में गांधी की आलोचना की गई है, लेकिन बख्शा विनोबा को भी नहीं गया है

'एक मूर्ख शख्स थे विनोबा भावे, जिन्होंने पचास के दशक में गांधी की नकल करने की कोशिश की वे गांधी के विभिन्न आश्रमों में रहे थे। उन जगहों की बौद्धिक शिथिलता ने उनके दिमाग को मोथरा कर दिया था और ये उनकी आत्मा तक में प्रवेश कर गया था। वे रसोई में काम करते थे, पाखाना भी साफ करते थे, इतनी देर तक चरखा चलाते थे कि गांधी भी उनके बारे में चिंतित रहने लगे थे। खुशी की बात यह है कि विनोबा को बाद में एक करियर मिल गया एक सुधारक के रूप में नहीं, बुद्धिमान व्यक्ति के रूप में नहीं, बल्कि एक तरह

के धार्मिक मूर्ख के रूप में, जिनके साथ आला नेता फोटो खिंचवाना पसंद करते थे और आशीर्वाद के लिए लालायित रहते थे।'

असल में यह नायपाल जैसे लेखकों की भड़ास है जो विनोबा और भूदान की वैचारिकी को न जानने के कारण जन्मी है। इस देश की विडंबना ही यही है कि यहां वास्तविक परिवर्तन को समर्पित जब भी कोई नई और कारगर व्यवस्था सामने आती है, यथास्थितिवादियों तथा उनके द्वारा खरीदे गए बुद्धिजीवियों की एक जमात उस आंदोलन को टालने, बदनाम करने की बार-बार कोशिश करती है। भू-दान का आंदोलन विषमताकारी समाज में एक उम्मीद की तरह जन्मा था। यह उम्मीद आगे भी बनी रहे, इसकी आवश्यकता है, फिर चाहे नायपाल जैसे लेखक कुछ भी कहें। गांधी को इस देश के कुछ लोग राष्ट्रपिता कहते हैं। उन्हें आजादी का श्रेय दिया जाता है।

इस देश को विनोबा का बहुत बड़ा, संभवतः गांधी से भी बड़ा योगदान होता, यदि भू-दान आंदोलन पूरी तरह सफल हो गया होता। भू-दान असल में उस सामाजिक स्वतंत्रता का पर्याय था, जिसका सपना ज्योतिबा फुले ने देखा था, जिसकी मांग डॉ. अम्बेडकर कर रहे थे, जिसकी कामना ऋग्वेद में की गई है तथा जिसकी आवश्यकता इस देश के करोड़ों दलित, मजूदरों, गरीब किसानों, सर्वहारा श्रमिकों तथा आर्थिक-सामाजिक स्तर पर पिछड़े हुए लोगों को थी। कमी विनोबा की भी रही, उन्होंने स्वयं को कभी गांधी की छवि से बाहर लाने की कोशिश नहीं की। अगर वे 'सर्वोदय' के अपने चिंतन को 'गांधीवाद' के समानांतर खड़ा करने की कोशिश करते, अगर वे उसको सामाजार्थिक आंदोलन की तरह प्रस्तुत करते तथा बार-बार धर्म का उल्लेख करने के बजाय उसे केवल नैतिकतावादी आंदोलन रहने देते तब शायद उसपर अधिक गंभीरता से बहस हो पाती। उसके परिणाम भी अधिक स्थायी और दूरगामी होते थे, तब उन्हें इस देश में स्वतंत्र विचारक की तरह याद किया जाता। भू-दान असल में परिस्थितिजन्य आंदोलन था। दान में जमीन भी ली जा सकती है, इसकी उम्मीद विनोबा को भी न थी। पोचनपल्ली में जो हुआ, वह आकस्मिक घटना थी। हालांकि उसके बीजतत्व चीन, रूस में चल रहे समाजवादी आंदोलनों तथा तेलंगाना सहित देश के अन्य क्षेत्रों में चल रहे जनविद्रोह में छिपे थे।

भू-दान ने जहां क्षेत्रीय स्तर पर बड़ी संख्या में आदर्शोन्मुखी कार्यकर्ताओं को तैयार किए वहीं उसके प्रभाव में अवसरवादी नेताओं, सामंती शक्तियों को

भी अपनी छवि सुधारने का अवसर मिला। आगे चलकर वे शक्तियां जयप्रकाश नारायण के नेतृत्व में एकजुट हुईं और इंदिरा विरोध के नाम पर भू-दान आंदोलन की सारी उपलब्धियों पर पानी फेरने का काम उन्होंने किया। इसके बावजूद भू-दान आंदोलन को इस लिए याद किया जाएगा कि उसने इस देश के आम आदमी पर भरोसा कायम किया। इस विश्वास को पुनर्जीवित किया कि जनसाधारण आज भी सहयोग और सहअस्तित्व की चाहत रखता है। नेतृत्व यदि ईमानदार, भरोसेमंद और उच्च नैतिकता संपन्न है तो वह स्वयं कष्ट सहकर भी दूसरों की मदद को तत्पर रहता है।

5

विनोबा भावे का शिक्षण दर्शन

विनोबा जी ने पश्चिमी शिक्षा का जोरदार विरोध किया तथा बुनियादी शिक्षा पर आधारित गांधी जी के विचारों का प्रचार किया। विनोबा जी ने स्वाधीनता के पश्चात् भू-दान आन्दोलन का श्रीगणेश किया। वे चाहते थे कि प्रत्येक गांव भोजन तथा वस्त्र में स्वावलंबी बने। विनोबाजी के शैक्षिक विचारों पर वेद-वेदांत और गीता के दर्शनों का प्रभाव दिखायी देता है। उनके अनुसार इस जगत में ब्रह्म सत्य है और वह विश्व में व्याप्त है। यह जगत् ब्रह्म की स्फूर्ति है, प्रेरणा है। उस सत्य की खोज करना ही जीवन का लक्ष्य है। जीवन सत्य की खोज के लिए है। उनकी दृष्टि में जीवन का स्वरूप है 'सत्य शोधनम्' सत्य की प्राप्ति के लिए नम्रता, तटस्थता और अनुग्रह को अपनाना पड़ता है। सत्य से ही आत्मा या परमात्मा का दर्शन होता है। मनुष्य को असत्य से सत्य की ओर ले जाने वाली शिक्षा है। शिक्षा असत्य के आवरण को हटाकर हमें सत्य का ज्ञान कराता है। इस प्रकार हम कह सकते हैं कि मनुष्य को जीवन में सफल बनाने के लिए शिक्षा का ज्ञान परमावश्यक है।

शिक्षा का अभिप्राय

शिक्षा हमें अंधकार से प्रकाश की ओर लाता है। शिक्षा ही वह माध्यम है जो हमें सही और गलत की पहचान करना सिखाता है। सत्य का निवास हमारे मन में होता है और असत्य बाहरी परिवेश से हमारे समक्ष आता है। सत्य के यथार्थ स्वरूप के ज्ञान के लिए अपने भीतर को प्रकाशित करना होगा। शिक्षा के द्वारा जो कुछ मनुष्य के अंदर है, उसे बाहर लाना है। विनोबाजी ने शिक्षा का अर्थ बताते हुए लिखा—"शरीर के हर अवयव की पूर्ण और व्यवस्थित वृद्धि

होना, ज्ञानेन्द्रियों का चतुर, चपल और कार्यकुशल बनना, विभिन्न मनोवृत्तियों का सर्वांगीण विकास होना, स्मृति, प्रज्ञा, मूधा, धूति, तर्क आदि बौद्धिक शक्तियों का प्रगल्भ एवं प्रखर बनना, इस सब नैसर्गिक या प्राकृतिक प्रवृत्तियों का विकास ही शिक्षा है।" शिक्षा का कार्य जीवन का विकास करना है। जीवन के विकास में तीनों अंगों वाणी, शरीर और मन के विकास द्वारा होता है। वाणी के लिए अच्छे भजन, संयत वाणी, शरीर के लिए खेल, खुली हवा में उद्योग, शारीरिक कार्य तथा मन के लिए जितेन्द्रिय, व्यवहार कुशल होना आवश्यक है।

शिक्षा का तात्पर्य केवल इंद्रिय विकास से नहीं है, क्योंकि इंद्रिय विकास तो पशुओं का भी होता है। वास्तव में शिक्षा का तात्पर्य तो ज्ञानेन्द्रियों की अभिरुचि को परिशुद्ध करने से है। शिक्षा के द्वारा आनन्द की प्राप्ति आत्मस्वरूप को पहचानने से ही संभव है। विनोबाजी के अनुसार अभी तक शिक्षा के अनेक नाम बुनियादी तालीम, मौलिक शिक्षा, वर्क ओरिएन्टेड शिक्षा, प्रचलित रहे हैं।

उन्होंने सहज शिक्षा को त्रि-सूत्रीय शिक्षा का नाम दिया है। उनके अनुसार-''अपनी दृष्टि में मैं शिक्षा के मुख्य तीन विषय मानूँगा-एक है योग, दूसरा है उद्योग और तीसरा है सहयोग।

विनोबाजी ने योग का तात्पर्य आसन लगाना, व्यायाम करना नहीं वरन चित्त पर अंकुश रखना, चितेन्द्रिय बनना, मन पर काबू पाना, वाणी पर काबू पाना आदि योग के सच्चे अर्थ हैं। गीता में ज्ञान और विज्ञान दो शब्द साथ-साथ हैं। ज्ञान का तात्पर्य आत्मज्ञान और विज्ञान का तात्पर्य परिनिष्ठित ज्ञान से है। विवेक की सहायता से ज्ञान विज्ञान बन जाता है। योग के लिए निर्भयता और सत्याग्रही होना आवश्यक है। 'सा विद्या या विमुक्तये' के अनुरूप मुक्ति को विनोबा जी ने स्वावलम्बन के रूप में देखा। शिक्षा के दूसरे सूत्र उद्योग का तात्पर्य विनोबा जी की उत् + योग = ऊँचा योग बताया। उनके अनुसार जीवन और शिक्षा दोनों का समन्वय आवश्यक है। शिक्षा को उद्योग केन्द्रित बनाना आवश्यक है। शिक्षा का तीसरा सूत्र सहयोग 'विश्व मानव' की कल्पना पर आधारित है। यह भारतीय एकता या अखण्डता तथा विश्व बन्धुत्व की भावना को व्यक्त करता है।

शिक्षा का प्रयोजन

विनोबाजी शिक्षा के उद्देश्य पर प्रकाश डालते हुए लिखा है कि-''शिक्षा द्वारा हमें कोई स्वतंत्र तत्व उत्पन्न नहीं करना है, प्रत्युत निहित तत्वों को जागृत करना है।'' शिक्षा का प्रमुख लक्ष्य मानवीय मन में पूर्णता के सभी तत्वों को विकसित करना है, जो पहले से मानव में विद्यमान होते हैं। शिक्षा द्वारा मानव का पूर्ण गुण विकास अपेक्षित है। विनोबाजी के अनुसार शिक्षा के निम्नलिखित उद्देश्य कहे जा सकते हैं-

1. इन्द्रियों को कार्यकुशल बनाना—यद्यपि विनोबाजी ने शिक्षा का कार्य केवल इन्द्रिय विकास नहीं माना, क्योंकि इन्द्रिय विकास कोई बड़ी बात नहीं है। यह विकास प्राकृतिक रूप से स्वयंमेव होता है, इसके लिए शिक्षा को कोई प्रयास नहीं करना है। शिक्षा का कार्य वास्तव में इंद्रियों की अभिरुचि को परिशुद्ध करके उसे कार्यकुशल बनाना है। इंद्रियां कृत्रिम जीवन से परिशुद्ध नहीं होती है। इसके लिए बालकों को सहज जीवन अपनाने के लिए प्रेरित करना होगा।

2. तत्व ज्ञान की प्राप्ति–विनोबाजी के अनुसार मानव जीवन का लक्ष्य सत्य दर्शन है। अतः सत्य दर्शन के लिए सत्य एवं सहज ज्ञान प्राप्त करना आवश्यक है। सत्य एवं सहज ज्ञान प्राप्त करना शिक्षा का प्रमुख उद्देश्य है।

3. शारीरिक अवयवों की पूर्ण एवं संतुलित वृद्धि–सच्ची शिक्षा प्राप्त करने के लिए विनोबाजी पूर्ण व संतुलित शारीरिक वृद्धि को आवश्यक मानते हैं, क्योंकि स्वस्थ शरीर में स्वस्थ मन का निर्माण संभव है। जब शरीर के सभी अंगों की संतुलित वृद्धि होगी तो मानव सहज रूप से विकास की अनुभूति करेगा।

4. विभिन्न मनोवृत्तियों का सर्वांगीण विकास–विनोबाजी के अनुसार शिक्षा का एक उद्देश्य बालक की भिन्न-भिन्न मनोवृत्तियों का संतुलित एवं सर्वांगीण विकास करना है। शिक्षा के द्वारा सभी गुणों का विकास अपेक्षित है। केवल ज्ञान या केवल कर्म या दोनों की कुशलता ही बालक का सर्वांगीण विकास नहीं है। वास्तव में, सर्वांगीण विकास के लिए जीवन की सभी क्रियाओं में सफल बनना होगा, क्योंकि शिक्षा और जीवन दोनों एक हैं।

5. सत्य, प्रेम तथा करुणा का विकास–विनोबाजी के अनुसार समाज की बुनियाद और शिक्षा की बुनियाद दोनों सत्य, प्रेम और करुणा के आधार पर होनी चाहिए। अतः शिक्षा का उद्देश्य बालकों में सत्य, प्रेम और करुणा का विकास करना है।

6. बौद्धिक शक्तियों का विकास–विनोबाजी के अनुसार मानव को पूर्ण मानव बनाने के लिए उसकी बौद्धिक शक्तियों का विकास करना होगा जिससे वह अपने स्वतया अपने आत्म को जान सके और यह आत्मज्ञान विभिन्न बौद्धिक शक्तियों के द्वारा प्राप्त होने पर अधिक सत्य ज्ञान होगा। अतः शिक्षा का उद्देश्य बालक की स्मृति, प्रज्ञा, मेधा, धृति, तर्क आदि बौद्धिक शक्तियों का विकास करना है।

पाठ्यक्रम

आचार्य विनोबा भावे ने पाठ्यक्रम में प्राचीन धर्म ग्रन्थों के साथ-साथ आधुनिक ज्ञान-विज्ञान से संबंधित विषयों को पाठ्यक्रम में रखा। उनके अनुसार आध्यात्म के लिए और विज्ञान के लिए आधुनिकतम साहित्य को पाठ्यक्रम में रखना चाहिए। धार्मिक ग्रंथों के द्वारा योग, संयम, इंद्रिय नियंत्रण

आदि की शिक्षा प्राप्त होती है। वैज्ञानिक विषयों के द्वारा नई-नई खोजों का पता लगता है। शैशवावस्था में पाठ्यक्रम में वह 'मातृ मुखेन शिक्षणम् और मतृहस्तेन भोजनम्' को रखते हैं। शैशवावस्था में घर ही पाठशाला होती है। अतः पाठ्यक्रम में छोटी-छोटी कहानियों को रखना चाहिए। विनोबाजी पाठ्यक्रम में भाषा शिक्षण को महत्वपूर्ण मानते थे। उनके अनुसार विश्व को जानने के लिए विश्व की अधिक से अधिक भाषाओं का ज्ञान होना चाहिए। वह संस्कृत भाषा के हर शब्द को मनोवैज्ञानिक मानते थे। संस्कृत को वह हिन्दी की जननी मानते थे। इसी कारण वे हिन्दी के साथ-साथ संस्कृत को भी पाठ्यक्रम में रखते थे। इसके अतिरिक्त इतिहास शिक्षण भी वह आवश्यक मानते थे। इतिहास के द्वारा महापुरुषों व उनके चरित्रों का ज्ञान बालकों को मिलता है।

शिक्षण पद्धतियां

विनोबा जी शिक्षा प्रदान करने की सभी पद्धतियों का विश्लेषण करते हुए उन्हें एकांगी मानते थे। उनके अनुसार इस समय में निम्नलिखित चार पद्धतियां प्रचलित हैं–

1. परिशेष पद्धति–इस पद्धति में जीवन में सर्वाधिक उपयोगी औद्योगिक विषयों को महत्वहीन रखते हुए परिशिष्ट के रूप में उनकी शिक्षा प्रदान की जाती है। इसमें औद्योगिक शिक्षा को मनोरंजन के रूप में अपनाया जाता है। इसी कारण इसको परिशेष पद्धति कहा गया है।

2. केवल पद्धति–इस पद्धति में मानव के विविध अंगों में से केवल बुद्धि विकास की ओर ध्यान दिया जाता है। इसमें ज्ञान को ठूंस-ठूंस कर बुद्धि में भरने का प्रयास किया जाता है और ऐसे ज्ञान का जीवन के साथ कोई समरस नहीं होता है। केवल बौद्धिक विकास पर ध्यान देने के कारण विनोबा जी ने इसे केवल पद्धति कहा।

3. संयोजन पद्धति–इस पद्धति में क्रिया द्वारा ज्ञान, इस सिद्धांत को तो माना गया है किंतु कर्म को गौण स्थान होने के कारण ज्ञान प्राप्ति करने के लिए उसके अनुकूल कोई संयोजन लिया जाता है। यह संयोजन बिलकुल बनावटी जैसा प्रतीत होता है। इस कारण सिद्धांतः यह पद्धति अच्छी होते हुये भी उपयुक्त प्रतीत नहीं होती।

4. **समुच्चय पद्धति**—इस पद्धति में उद्योग और शिक्षा दोनों को समान महत्व देने का प्रयास किया जाता है। इस पद्धति में उद्योग को शिक्षा का अंग नहीं माना जाता है। इसमें शिक्षा उद्योग दोनों का परस्पर मेल नहीं रहता। दोनों एक दूसरे के पूरक नहीं रह पाते।

उपयुक्त शिक्षण विधि

उपरोक्त चारों शिक्षण पद्धतियों को अनुपयुक्त मानते हुए विनोबा जी ने सच्ची शिक्षा के लिए समवाय पद्धति को उपयोगी माना। इस पद्धति में कोई एक जीवन व्यापी और विविध अंग युक्त मूलोद्योग शिक्षण के माध्यम के तौर पर लिया जाता है। यह उद्योग शिक्षण का एक सिर्फ साधन नहीं बल्कि उसका एक अविभाज्य अंग होता है। इस उद्योग द्वारा बालकों का सर्वांगीण विकास, जीवनोपयोगी ज्ञान तथा आजीविका का एक समर्थ साधन प्राप्त कराया जाता है। इस प्रकार उद्योग मूलक समवाय पद्धति सारी शिक्षण पद्धतियों से भिन्न और अब तक के अनुभवों के निष्कर्ष रूप अन्तिम परिणति है। इस पद्धति में ज्ञान और कर्म एक दूसरे में ओतप्रोत रहते हैं। समवाय का तात्पर्य-द्वैत और अद्वैत के एकीकरण का संबंध है। इस पद्धति में भी ज्ञान और उद्योग का समवाय या एकीकरण ऐसा होता है कि यह कहना मुश्किल होता है कि कब ज्ञान प्राप्त हो रहा है और कब उद्योग की शिक्षा मिल रही है।

सहज शिक्षण के सिद्धांत

समस्त शिक्षाशास्त्री वास्तविक, सच्ची, उदार एवं सहज, शिक्षा देने के समर्थक हैं। लेकिन सहज शिक्षा क्या है? इस विषय पर सभी के मतों में अंतर दिखायी देता है। विनोबाजी के अनुसार सहज शिक्षा वह है जिसमें बालक शिक्षा को समरूप होकर अद्वैत का अनुभव करते हुए आनन्द या मनोरंजन के रूप में प्राप्त करता है। अनजाने या सहज रूप में प्राप्त हो जाने वाली शिक्षा सहज शिक्षा है। विनोबा जी ने सहज शिक्षा के निम्नलिखित सिद्धांत प्रस्तुत किए हैं-

1. यह जीवन के पूर्व की तैयारी की शिक्षा है।
2. सहज शिक्षा निवृत्त शिक्षा है।
3. यह अस्पष्ट पूर्ण से स्पष्ट पूर्ण के विकास की प्रक्रिया है।
4. सह-शिक्षा छोटे पूर्ण से बड़ा पूर्ण बनाने की क्रिया है।

5. यह योग, उद्योग और सहयोग की शिक्षा है।
6. इसमें स्थूल से सूक्ष्म की ओर का सिद्धांत अपनाया जाता है।

अध्यापक

आचार्य विनोबा भावे के अनुसार शिक्षक राष्ट्र निर्माता और छात्र देश के भाग्य विधाता होते हैं। इनका स्पष्ट मानना था कि प्राच्य काल से लेकर अब तक भारत के निर्माण में शिक्षकों ने ही महती भूमिका निभाई है। इस बीच अनेक प्रकार की राज्य सरकारें आयीं और गयीं। लेकिन राज्य सरकारों ने भारत को नहीं बनाया। भारत को गौरवशाली बनाने में यहीं के संत कबीर और आचार्य का ही नाम लिया जाता है। संस्कृत में शिक्षक को आचार्य कहते हैं। आचार्य शब्द का अर्थ 'अचिनोति' अर्थात 'अचिरति, ''आचारं कारयति'' बताया गया है। आचार्य वह शब्द है जो सभी विषयों का अध्ययन करता है, खुद आचरण करता है और दूसरों से कराता है। भारत में बड़े-बड़े ज्ञानी आचार्य कहलाये, जैसे–शंकराचार्य, रामानुजाचार्य। यहाँ आचार्य के लिए जो आदर है वह विश्व में किसी भाषा में नहीं है। यहां 'आचार्य देवो भव' कहा गया है। यहां के आचार्यों ने सिर्फ ग्रंथ ही नहीं लिखे वरन् समाज में घूम-घूम कर तत्व ज्ञान का प्रचार भी किया है।

विनोबा जी शिक्षक के महत्व को बताते हुए कहते हैं कि राजनीति देश को तोड़ती है। देश को जोड़ने वाली दो शक्तियां हैं–एक किसानों की शक्ति और दूसरी विद्वानों की शक्ति। उनके अनुसार विद्वानों ने वर्तमान समय में अपनी शक्ति खो दी है। आज के विद्वान या शिक्षक चैतन्यता लाने के स्थान पर सामान्य नौकर की हैसियत से काम करने लगे हैं। शिक्षकों ने वास्तव में अपनी हैसियत खो दी है। जरूरत इस बात की है कि शिक्षक अपनी हैसियत पहचानें और अपनी स्वतंत्र शक्ति को जागृत करें। शिक्षकों का कार्य केवल स्कूल, कालेजों में पढ़ाने तक ही सीमित नहीं है। उन्हें जनता से भी संपर्क बनाये रखना चाहिए।

विनोबाजी के अनुसार शिक्षक या आचार्य के तीन लक्षण होते हैं–शीलवान, प्रज्ञावान तथा करुणावान। अलग-अलग विषयों की शिक्षा तो कोई भी दे सकता है। लेकिन शील या चरित्र की शिक्षा सिर्फ शिक्षक या आचार्य ही दे सकता है। वेदों में शिक्षकों को 'पथीकृत विचक्षणः' अर्थात् रास्ता ढूंढने वाला कहा गया है।

शिक्षक चारों ओर देख सुनकर सत्य मार्ग की खोज करता है और इसी मार्ग पर चलने के लिए सभी को प्रेरित करता है। शिक्षक को अपने शिष्यों पर खास ध्यान रखना चाहिए। शिष्यों का पथ-प्रदर्शन करने के लिए उनसे प्रेम, वात्सल्य और अनुराग रखना चाहिए। विनोबा जी के अनुसार शिक्षकों को 'शिष्य देवो भव' होना चाहिए। शिक्षक को लगातार अध्यवसायी होना चाहिए। उसे ज्यादा-से-ज्यादा अध्यन कर चित्त को खुला रखना चाहिए। विनोबाजी शिक्षक के लिए तटस्थ होना जरूरी मानते थे। उसे छात्रों के साथ पक्षपातपूर्ण व्यवहार नहीं करना चाहिए। शिक्षक क्रांति का अग्रदूत है। वह क्रांति तभी ला सकता है, जब वह राजनीति से दूर रहे। इसलिए उनके अनुसार शिक्षकों को राजनीति से दूर रहना चाहिए।

शिक्षा में क्रांति

आचार्य विनोबा भावे परंपरागत शिक्षा प्रणाली की व्यवस्था को स्वीकार नहीं करते थे। उनके विचार से जिस तरह स्वतंत्रता प्राप्ति के बाद राष्ट्र का झंडा शीघ्र बदल दिया गया, उसी प्रकार राष्ट्र के शिक्षा के स्वरूप को भी शीघ्र बदलना चाहिए था। लेकिन स्वतंत्रता प्राप्ति के अनेक वर्षों के बाद भी शिक्षा पद्धति में कोई विशेष परिवर्तन नहीं दिखाई देता। विनोबा जी के अनुसार शिक्षा में क्रांति लाने के लिए शिक्षा पद्धति बदलनी होगी। शिक्षा को ग्रामोभिमुख करना होगा। गांवों और देहातों में भी विज्ञान पहुंचाना होगा। गांवों के विद्यार्थियों को अध्ययन करना होगा। उन्हें ज्ञान शक्ति एवं गांव की श्रम शक्ति का समन्वय करना पड़ेगा।

6

मूल्यांकन

अहिंसा और सद्भावना को अपने जीवन का मूलमंत्र मानने वाले आचार्य विनोबा भावे के विचारों पर उनकी माता का प्रभाव सबसे अधिक पड़ा था। विनोबा भावे का कहना था कि उनकी मानसिकता और जीवनशैली को सही दिशा देने और उन्हें अध्यात्म की ओर प्रेरित करने में उनकी मां का ही योगदान है। विनोबा भावे गणित के बहुत बड़े विद्वान थे। लेकिन ऐसा माना जाता है कि 1916 में जब वह अपनी दसवीं की परीक्षा के लिए मुंबई जा रहे थे तो उन्होंने महात्मा गांधी का एक लेख पड़कर शिक्षा से संबंधित अपने सभी दस्तावेजों को आग के हवाले कर दिया था।

संत विनोबा भावे की समस्त जिंदगी साधु संयासियों जैसी रही, इसी कारणवश वह एक संत के तौर पर प्रख्यात हुए। वह एक अत्यंत विद्वान एवं विचारशील व्यक्तित्व वाले शख्स थे। महात्मा गांधी के परम शिष्य जंग ए आजादी के इस योद्धा ने वेद, वेदांत, गीता, रामायण, कुरान, बाइबिल आदि अनेक धार्मिक ग्रंथों का उन्होंने गहन अध्ययन एवं मनन किया। अर्थशास्त्र, राजनीति और दर्शन के आधुनिक सिद्धांतों का भी विनोबा भावे ने गहन अवलोकन व चिंतन किया। जेल में ही विनोबा ने 46 वर्ष की आयु में अरबी और फारसी भाषा का अध्ययन आरम्भ किया और कुरान पढ़ना भी शुरू किया। अत्यंत कुशाग्र बुद्धि के विनोबा जल्द ही हाफिज ए कुरान बन गए। मराठी, संस्कृत, हिंदी, गुजराती, बंगला, अंग्रेजी, फ्रेंच भाषाओं में तो वह पहले ही पारंगत हो चुके थे। विभिन्न भाषाओं के तकरीबन पचास हजार पद्य विनोबा को बाकायदा कंठस्थ थे। समस्त अर्जित ज्ञान को अपनी जिंदगी में लागू करने का भी उन्होंने अप्रतिम एवं अथक प्रयास किया।

महात्मा गांधी ने उनकी असल शक्ति को पहचाना। विनायक हरि भावे से प्रथम बार मिलने के पश्चात बापू ने कहा कि तुम्हारे प्रेम, ज्ञान और चारित्र्य की ताकत ने मुझे मोहित कर लिया है। तुम निश्चित तौर पर महान् कार्य का निमित्त बनोगे। ईश्वर तुम्हें दिर्घायु करे और तुम हिंद की आजादी और प्रगति के लिए अपना जीवन अर्पित कर दो। दीनबंधु एंड्रयूज को महात्मा गांधी ने एक खत में लिखा था कि लोग आश्रम में कुछ ना कुछ पाने के लिए आते हैं, किंतु विनोबा तो आश्रम को अपने पुण्यों के प्रताप से सिंचित करने आया है। आश्रम के दुर्लभ रतनों में वह एक है।

विनोबा का जन्म जिस समय हुआ था, उस समय उनके घर का वातावरण भक्तिभाव से ओतप्रोत था। बाल्यपन से ही वैरागी बनने का विचार दृढ़ होने लगा। विनोबा की मां रखुबाई के निर्देशन में बालक विनायक का उपनिषद, गीता, रामायण, और महान् मराठी संतों के धर्मग्रंथों का पठन पाठन चलता ही रहता था।

विनायक की बुद्धि अत्यंत प्रखर थी। गणित उसका सबसे प्यारा विषय बन गया। हाई स्कूल परीक्षा में गणित में सर्वोच्च अंक प्राप्त किए। बडौदा में ग्रेजुएशन करने के दौरान ही विनायक का मन वैरागी बनने के लिए अति आतुर हो उठा। 1916 में मात्र 21 वर्ष की आयु में गृह त्याग कर दिया और साधु बनने

के लिए काशी नगरी की ओर रूख किया। काशी नगरी में वैदिक पंडितों के सानिध्य में शास्त्रों के अध्ययन में जुट गए। गॉधी बाबा की चर्चा देश में चारों ओर चल रही थी कि वह दक्षिणी अफ्रीका से भारत आ गए हैं और आजादी का बिगुल बजाने में जुट गए हैं। अखंड स्वाध्याय और ज्ञानाभ्यास के दौरान विनोबा का मन गांधी बाबा से मिलने के लिए किया तो वह पहुंच गए अहमदाबाद के कोचरब आश्रम में। जब पंहुचे तो गांधी सब्जी काट रहे थे। इतना प्रख्यात नेता सब्जी काटते हुए मिलेगा, ऐसा तो कदाचित विनाबा ने सोचा न था। बिना किसी उपदेश के स्वालंबन और श्रम का पाठ पढ़ लिया। इस मुलाकात के बाद तो जीवन भर के लिए वह बापू के ही हो गए।

बापू के सानिध्य और निर्देशन में विनोबा के लिए ब्रिटिश जेल एक तीर्थधाम बन गई। सन् 1921 से लेकर 1942 तक अनेक बार जेल यात्राएं हुई। सन् 1922 में नागपुर का झंडा सत्याग्रह किया। ब्रिटिश हुकूमत ने सीआरपीसी की धारा 109 के तहत विनोबा को गिरफ्तार किया। इस धारा के तहत आवारा गुंडों को गिरफ्तार किया जाता है। नागपुर जेल में विनोबा को पथ्थर तोड़ने का काम दिया गया। कुछ महीनों के पश्चात अकोला जेल भेजा गया। विनोबा का तो मानो तपोयज्ञ प्रारम्भ हो गया। 1925 में हरिजन सत्याग्रह के दौरान जेल यात्रा हुई। 1930 में गांधी की कयादत में राष्ट्रीय कांग्रेस ने नमक सत्याग्रह को अंजाम दिया गया। 12 मार्च 1930 को गांधी ने दाण्डी मार्च शुरू किया। विनोबा फिर से जेल पंहुच गए। इस बार उन्हें धुलिया जेल रखा गया। राजगोपालाचार्य जिन्हें राजाजी भी कहा जाता था, ने विनोबा के विषय में यंग इंडिया में लिखा था कि विनोबा को देखिए देवदूत जैसी पवित्रता है उसमें। आत्मविद्वता, तत्वज्ञान और धर्म के उच्च शिखरों पर विराजमान है वह। उसकी आत्मा ने इतनी विनम्रता ग्रहण कर ली है कि कोई ब्रिटिश अधिकारी यदि पहचानता नहीं तो उसे विनोबा की महानता का अंदाजा नहीं लगा सकता। जेल की किसी भी श्रेणी में उसे रख दिया जाए वह जेल में अपने साथियों के साथ कठोर श्रम करता रहता है। अनुमान भी नहीं होता कि यह मानव जेल में चुपचाप कितनी यातनाएं सहन कर रहा है।

11 अक्टूबर 1940 को गांधी द्वारा व्यक्तिगत सत्याग्रह के प्रथम सत्याग्रही के तौर पर विनोबा को चुना गया। प्रसिद्धि की चाहत से दूर विनोबा इस सत्याग्रह के कारण बेहद मशहूर हो गए। उनको गांव-गांव में युद्ध विरोधी तकरीरें करते हुए आगे बढ़ते चले जाना था। ब्रिटिश सरकार द्वारा 21 अक्टूबर को विनोबा को गिरफ्तार किया गया। 9 अगस्त सन् 1942 को वह गांधी और

कांग्रेस के अन्य बड़े नेताओं के साथ गिरफ्तार किया गया। इस बार उनको पहले नागपुर जेल में फिर वेलूर जेल में रखा गया।

1948 में गांधीजी की हत्या के पश्चात विनोबा ने सेवाग्राम में देशभर के गांधीवादियों के साथ मिलकर सर्वोदय समाज और सर्व सेवा संघ की स्थापना की। पवनार आश्रम के इस प्रयोगवादी बाबा ने कांचन मुक्ति का प्रयोग भी किया गया। अर्थात अपने कड़े श्रम के आधार पर प्राप्त अन्न और वस्त्र के आधार पर ही जीवनयापन करना। सन् 1951 में भू-दान यज्ञ आंदोलन का आगाज विनोबा भावे ने किया। उल्लेखनीय है कि 1946 में आंध्र प्रदेश के तेलंगाना इलाके में साम्यवादियों ने सामंतवादी जमींदारी के विरूद्ध भयावह हिंसक संघर्ष की शुरूआत की। तकरीबन तीन सौ बड़े जमींदारों का कत्ल कर दिया गया। विनोबा इस हिंसा से अत्यंत विचलित हुए और उन्होंने भू-दान यज्ञ आंदोलन का आगाज किया।

18 अप्रैल 1951 का दिन और आंध्र प्रदेश का पोचमपल्ली गांव, विनोबा के समक्ष गांव के भूमिहीन दलितों ने 80 बीघा जमीन की मांग पेश की। सांयकाल प्रार्थनासभा में विनोबा ने ग्रामीणों से सहज भाव से पूछा कि दलितों को जमीन चाहिए और सरकार तो अभी बहुत समय लगेगा इनको जमीन मुहैया कराने में। क्या आप भी कुछ कर सकते है। रामचंद्र रेड्डी नामक जमींदार खड़ा हुआ और अपनी पचास एकड़ जमीन देने के लिए तैयार हो गया। विनोबा को रास्ता मिल गया, उन्होंने गांव-गांव घूम घूम कर जमीन मांगने और उसे भूमिहीन दलितों में वितरित करने का संकल्प ले लिया। कुछ इसे तरह से ही भू-दान यज्ञ की गंगोत्री निकल पड़ी। देश भर में विनोबा की भू-दान यज्ञ आंदोलन की गांव-गांव पदयात्रा निरंतर 13 वर्षों तक जारी रही। वह कहा करते यह प्रजासूय यज्ञ है और मैं इसका अश्व हूं और गांव-गांव अहिंसा की फतह के लिए घूम रहा हूं भूमिदान मांगते हुए। जयप्रकाश नारायण जैसे प्रबल राजनेता ने विनोबा की पांतों में जाना स्वीकार लिया। विश्वनाथ प्रताप सिंह विनोबा के अनुयायी बने। इस चिरंतन भू-दान यात्रा के दौरान ही 19 मई 1960 को चंबल के खुंखार बागी डाकुओं का आत्म-समर्पण भी करा दिया। मानसिंह गिरोह के 19 डाकू विनोबा की शरण में आ गए। आजादी हासिल होने पश्चात विनोबा ने राजनीति से पूर्णतः मुख मोड़ लिया था। अपने इस संकल्प पर वह सदैव कायम रहे। 1974 में जयप्रकाश नारायण के सरकार विरोधी राजनीतिक आंदोलन कमान संभालने पर भी वह राजीनीति से उदासीन बने रहे। जीवन के अंतिम दौर में उन्होंने

गौवंश की हत्या पर प्रतिबंध लगाने की पुरजोर कोशिश की। 15 नवंबर 1982 को इस महान् तेजस्वी संत ने पवनार आश्रम में अंतिम सांस ली और एक परम पुण्य जीवन खत्म हुआ।

भू-दान आंदोलन के प्रणेता थे विनोबा भावे

महात्मा गांधी के दर्शन एवं उनके विचारों को नयी ऊंचाई तक पहुंचाने की दिशा में उल्लेखनीय योगदान देने वाले विनोबा भावे उन सामाजिक विचारकों में थे जिन्होंने राष्ट्रपिता के विकास के माडल पर काम किया और भू-दान आंदोलन के जरिए जमीन के पुनर्वितरण के लिए एक नयी दिशा दिखायी।

गांधी दर्शन को जितनी ऊंचाई तक विनोबा ने पहुंचाया, उतना शायद ही किसी अन्य ने नहीं पहुंचाया। विनोबा के दर्शन में यह प्रमुखता से उभर कर सामने आता है कि जीवन निरपेक्ष नहीं है। उनकी दृष्टि में जीवन सापेक्ष है और साधना समाज में मौजूद चुनौतियों के संदर्भ में होनी चाहिए।

विनोबा की आध्यात्मिक विधाओं में यह प्रमुखता एवं स्पष्टता से परिलक्षित होता है। महात्मा गांधी से उनकी भेंट साबरमती आश्रम में हुई थी। उसके बाद गांधीजी ने कहा था कि यह व्यक्ति हमें कुछ देने आया है न कि कुछ लेने। गांधीजी आध्यात्मिक मुद्दों पर विनोबा को सुप्रीम मानते थे। वास्तव में विनोबा आध्यात्मिक क्रांतिदृष्टा थे और उन्होंने गांधी दर्शन एवं विचार को आगे बढ़ाने में उल्लेखनीय भूमिका निभायी। आजादी के बाद उनका योगदान निखर कर सामने आया। राही के अनुसार गांधीजी गांवों की पुनर्रचना करना चाहते थे और वह ग्राम गणराज्य विकसित करना चाहते थे। मेरे सपनों का भारत और ग्राम स्वराज्य जैसी पुस्तकों में गांधीजी ने अपने विचारों को व्यावहारिक रूप से प्रकट किया है।

विनोबा ने उनके विचार को आगे बढ़ाते हुए भू-दान ग्राम की परिकल्पना की। जमीन के पुनर्वितरण से कई समस्याएं समाप्त हो सकती हैं। वास्तव में गांधीजी के लिए विकास का जो पैमाना था, उसे विनोबा ने आगे बढ़ाया। यह बात दीगर है कि जमीन रोजगार का प्रमुख स्रोत है और इसमें सुधार से व्यापक बदलाव आ सकता है। विनोबा बड़े समन्वयवादी भी थे जिन्होंने समाज के विभिन्न लोगों को काम के प्रति प्रेरित कर समाज सुधार का कार्य किया। उन्होंने

समाज में हर तबके के लोगों से सहयोग की बात करने के साथ ही 'जयजगत' का नारा दिया।

विनोबा ने अपने भू-दान आंदोलन को सफल बनाने के लिए पूरे भारत का पैदल ही भ्रमण किया। इस अनोखे आंदोलन ने पूरे विश्व का ध्यान आकृष्ट किया। इस आंदोलन ने ऐसे सामाजिक वातावरण का निर्माण किया जिससे देश में भूमि सुधार गतिविधि की शुरुआत हुई। इस आंदोलन ने बड़ी संख्या में लोगों के जीवन को प्रभावित किया और इसके तहत पूरे देश में करीब लाखों लाख एकड़ भूमि दान में मिली जिसे जरुरतमंद भूमिहीन गरीबों में वितरित कर दिया गया।

सामाजिक एवं रचनात्मक कार्यकर्ता

विनोबाजी सदैव सामाजिक और रचनात्मक कार्यकर्ता रहे। स्वतन्त्रता के पूर्व गांधी जी के रचानात्क कार्यों में सक्रिय रूप से योगदान देते रहे। कार्याधिक्य से उनका स्वास्थ्य गिरने लगा, उन्हें किसी पहाड़ी स्थान पर जाने की डॉक्टर ने सलाह दी। अतः 1937 ई0 में विनोबा भावे पवनार आश्रम में गये। तब से लेकर जीवन पर्यन्त उनके रचनात्मक कार्यों को प्रारंभ करने का यही केन्द्रीय स्थान रहा।

महान स्वतंत्रता सेनानी

रचानात्क कार्यों के अतिरित्क वे महान स्वतंत्रता सेनानी भी थे। नागपुर झंडा सत्याग्रह में वे बंदी बनाये गये। 1937 में गांधी जी जब लंदन की गोलमेज कांफ्रेंस से खाली हाथ लौटे तो जलगांव में विनोबा भावे ने एक सभा में अंग्रेजों की आलोचना की तो उन्हें बंदी बनाकर छह माह की सजा दी गयी। कारागार से मुक्त होने के बाद गांधी जी ने उन्हें पहला सत्याग्रही बनाया। 17 अक्टूबर 1940 को विनोबा भावेजी ने सत्याग्रह किया और वे बंदी बनाये गये तथा उन्हें 3 वर्ष के लिए सश्रम कारावास का दंड मिला। गांधी जी ने 1942 को भारत छोड़ा आंदोलन करने से पूर्व विनोबाजी से परामर्श लिया था।

गांधी जी के साथ संबंध

काफी समय तक पत्रों के माध्यम से एक-दूसरे से वार्तालाप करने के बाद 7 जून, 1916 को विनोबा भावे पहली बार गांधी जी से मिले। पांच वर्ष बाद

यानि 1921 में विनोबा भावे ने महात्मा गांधी के वर्धा स्थित आश्रम के प्रभारी का स्थान ले लिया। वर्धा प्रवास के दौरान विनोबा भावे ने महाराष्ट्र धर्म के नाम से मराठी भाषा की एक मासिक पत्रिका निकालनी प्रारंभ की। इस पत्रिका में निबंध और उपनिषदों का प्रकाशन किया जाता था। समय बीतने के साथ-साथ विनोबा भावे और महात्मा गांधी के बीच घनिष्ठता भी बढ़ती गई। इसके अलावा सामाजिक निर्माण संबंधी उनकी योजनाएं और कार्य भी निरंतर बढ़ते रहे। वर्ष 1932 में अंग्रेजी सरकार के विरुद्ध आवाज उठाने के आरोप में विनोबा भावे को धुलिया जेल भेज दिया गया। जेल में रहने के दौरान उन्होंने साथी कैदियों को मराठी भाषा में ही भागवत गीता के विभिन्न उपदेशों के बारे में बताया। विनोबा भावे ने जो भी समझाया या कहा उसे बाद में एक पुस्तक के रूप में संकलित कर प्रकाशित किया गया। वर्ष 1940 तक विनोबा भावे को उन्हीं के समूह के लोग ही जानते थे। 5 अक्टूबर, 1940 को गांधी जी ने उन्हें पहले व्यक्तिगत सत्याग्रही के रूप में चयनित कर राष्ट्र के समक्ष उन्हें पहचान दिलवाई। विनोबा भावे ने भारत छोड़ो आंदोलन में भी अपनी महत्वपूर्ण भूमिका निभाई।

विनोबा भावे की आलोचना

वी.एस. नायपॉल ने अपने निबंधों और लेखों में विनोबा भावे को गांधी जी की नकल करने वाले के रूप में संबोधित किया है। नायपॉल के अनुसार विनोबा भावे में मौलिकता की बहुत कमी थी, वह सिर्फ गांधी जी की नकल ही किया करते थे। इसके अलावा वर्ष 1975 में इन्दिरा गांधी द्वारा लगाए गए आपातकाल का समर्थन कर भी वह आलोचना के शिकार हुए थे। विनोबा भावे ने आपातकाल को अनुशासन पर्व का नाम दिया। उनके अनुसार जनता को अनुशासन सिखाने के लिए आपातकला लगाया जाना जरूरी था।

विनोबा भावे को दिए गए सम्मान

विनोबा भावे पहले ऐसे व्यक्ति थे जिन्हें वर्ष 1958 में अंतरराष्ट्रीय रेमन मैगसेसे सम्मान प्राप्त हुआ था। उन्हें यह सम्मान सामुदायिक नेतृत्व के क्षेत्र में प्राप्त हुआ था। मरणोपरांत वर्ष 1983 में विनोबा भावे को भारत के सर्वोच्च नागरिक सम्मान भारत रत्न से नवाजा गया था।

महान स्वतंत्रता सेनानी

महात्मा गांधी के आध्यात्मिक उत्तराधिकारी एवं महान स्वतंत्रता सेनानी विनोबा भावे ने देश में अपने भू-दान आंदोलन की शुरुआत ऐसे समय की जब देश में जमीन को लेकर रक्तपात होने की आशंका उत्पन्न हो गई थी। विनोबा भावे के इस आंदोलन को अपार जनसमर्थन मिला तथा जनजागरूकता के साथ ही समाजिक निर्णय में लोगों की भागीदारी बढ़ी।

विनोबा भावे का मानना था कि भारतीय समाज के पूर्ण परिवर्तन के लिए 'अहिंसक क्रांति' छेड़ने की आवश्यकता है।

रामचंद्र राही के अनुसार विनोबा भावे ने कहा था कि उन्हें गांधीजी में हिमालय की शांति और बंगाल का क्रांतिकारी जोश मिलता है। गांधीजी ने विनोबा भावे की यह कहते हुए प्रशंसा की थी कि वह उनके विचारों को बेहतर ढंग से समझते हैं। गांधीजी ने वर्ष 1940 में अंग्रेज सरकार की युद्ध नीतियों के खिलाफ राष्ट्रीय विरोध प्रदर्शन का नेतृत्व करने के लिए विनोबा भावे को चुना।

सुरेंद्र भाई के अनुसार विनोबा भावे ने वर्ष 1955 में अपने भू-दान आंदोलन की शुरुआत ऐसे समय की जब देश में जमीन के लिए खूनी संघर्ष शुरू होने की आशंका थी। 30 जनवरी 1948 को गांधीजी की हत्या के बाद उनके अनुयायी दिशा-निर्देश के लिए विनोबा भावे की ओर देख रहे थे।

विनोबा ने सलाह दी कि अब देश ने स्वराज हासिल कर लिया है, ऐसे में गांधीवादियों का उद्देश्य एक ऐसे समाज का निर्माण करना होना चाहिए, जो सर्वोदय के लिए समर्पित हो। तेलंगाना क्षेत्र में कम्युनिस्ट छात्र और कुछ गरीब ग्रामीणों ने छापामार गुट बना लिया था। यह गुट अमीर भूमि मालिकों की हत्या करके या उन्हें भगा कर तथा उनकी भूमि आपस में बांटकर जमीन पर ऐसे लोगों के एकाधिकार को तोड़ने का प्रयास कर रहा था।

ऐसा भी समय आया जब छापामार गुट ने कई गांवों के क्षेत्र को अपने नियंत्रण में ले लिया, लेकिन सरकार की ओर से सेना भेजी गई। दोनों ओर से हिंसा शुरू हो गई। विनोबा भावे ने इस संघर्ष का हल निकालने का संकल्प लिया। उन्होंने प्रभावित क्षेत्र में पैदल ही जाने का फैसला किया।

विनोबा भावे अपनी पदयात्रा के तीसरे दिन तेलंगाना के पोचमपल्ली गांव पहुंचे, जो कम्युनिस्टों का गढ़ था। वह मुस्लिम प्रार्थना स्थल परिसर में रुके। जल्द ही गांव के सभी वर्ग के लोग उनसे मिलने आने लगे। उनसे मिलने पहुंचे

लोगों में भूमिहीन दलितों का 40 परिवार भी था। इस समूह ने विनोबा को बताया कि उनके पास कम्युनिस्टों का समर्थन करने के अलावा अन्य कोई विकल्प नहीं है क्योंकि वे ही उन्हें भूमि दिला सकते हैं।

समूह में शामिल लोगों ने विनोबा से पूछा कि क्या वह सरकार से उन्हें जमीन दिला सकते हैं। विनोबा ने कहा, 'इसके लिए सरकार की क्या जरूरत है, हम स्वयं अपनी मदद कर सकते हैं।'

विनोबा भावे ने बाद में गांव में एक प्रार्थना सभा का आयोजन किया, जिसमें हजारों लोग शामिल हुए। उन्होंने सभा में दलितों की समस्या रखी। उन्होंने लोगों से पूछा कि क्या ऐसा कोई है जो उनकी मदद कर सकता है?

गांव के एक प्रमुख किसान ने एक सौ एकड़ भूमि दान देने की बात कही। दलितों ने कहा कि उन्हें केवल 80 एकड़ भूमि की ही जरूरत है। विनोबा भावे को क्षेत्र की समस्या का हल मिल गया। उन्होंने प्रार्थना सभा में घोषणा की कि वह जमीन प्राप्त करने के लिए पूरे क्षेत्र का दौरा करेंगे। इसके साथ ही उनके भू-दान आंदोलन की शुरुआत हो गई। अगले सात सप्ताहों में विनोबा भावे ने तेलंगाना क्षेत्र के 200 गांवों में जमीन दान में प्राप्त करने के लिए गए। सात सप्ताह के अंत में उन्होंने 12000 एकड़ भूमि एकत्रित कर ली।

विनोबा भावे के तेलंगाना क्षेत्र से जाने के बाद भी सर्वोदय कार्यकर्ताओं ने भूमि प्राप्त करते रहे, उन्होंने उनके नाम पर एक लाख एकड़ भूमि दान में प्राप्त की।

बहुभाषी व्यक्तित्त्व

जेल में ही विनोबा ने 46 वर्ष की आयु में अरबी और फारसी भाषा का अध्ययन आरम्भ किया और कुरान पढ़ना भी शुरू किया। अत्यंत कुशाग्र बुद्धि के विनोबा जल्द ही हाफिज ए कुरान बन गए। मराठी, संस्कृत, हिंदी, गुजराती, बंगला, अंग्रेजी, फ्रेंच भाषाओं में तो वह पहले ही पारंगत हो चुके थे। विभिन्न भाषाओं के तकरीबन पचास हजार पद्य विनोबा को बाकायदा कंठस्थ थे। समस्त अर्जित ज्ञान को अपनी जिंदगी में लागू करने का भी उन्होंने अप्रतिम एवं अथक प्रयास किया।–

भारत के पूर्व प्रधान मंत्री श्री अटल बिहारी वाजपेयी ने विनोबा जी पर निम्न पद्ययात्मक पंकितयां लिखीं–

धन्य तू विनोबा!

जन की लगाय बाजी गाय की बचाई जान,
धन्य तू विनोबा! तेरी कीरति अमर है।
दूध बलकारी, जाको पूत हलधारी होय,
सिंदरी लजात मल-मूत्र उर्वर है।
घासपात खात दीन वचन उचारे जात,
मरि के हू काम देत चाम जो सुघर है।
बाबा ने बचाय लीन्ही दिल्ली दहलाय दीन्ही,
बिना लाव लस्कर समर कीन्हो सर है।

साहित्यिक योगदान

विनोबा भावे एक महान विचारक, लेखक और विद्वान थे जिन्होंने ना जाने कितने लेख लिखने के साथ-साथ संस्कृत भाषा को आम जन मानस के लिए सहज बनाने का भी सफल प्रयास किया। विनोबा भावे एक बहुभाषी व्यक्ति थे। उन्हें लगभग सभी भारतीय भाषाओं का ज्ञान था। वह एक उत्कृष्ट वक्ता और समाज सुधारक भी थे। विनोबा भावे के अनुसार कन्नड़ लिपि विश्व की सभी लिपियों की रानी है। विनोबा भावे ने गीता, कुरान, बाइबल जैसे धर्म ग्रंथों के अनुवाद के साथ ही इनकी आलोचनाएं भी की। विनोबा भावे भागवत गीता से बहुत ज्यादा प्रभावित थे। वो कहते थे कि गीता उनके जीवन की हर एक सांस में है। उन्होंने गीता को मराठी भाषा में अनुवादित भी किया था।

हमारी बोध कथाए : विनोबा भावे

1. **जैसी दृष्टि**–रामदास रामायण लिखते जाते और शिष्यों को सुनाते जाते थे। हनुमान भी उसे गुप्त रुप से सुनने के लिए आकर बैठते थे। समर्थ रामदास ने लिखा, हनुमान अशोक वन में गये, वहाँ उन्होंने सफेद फूल देखे।

यह सुनते ही हनुमान झट से प्रकट हो गये और बोले, मैंने सफेद फूल नहीं देखे थे। तुमने गलत लिखा है, उसे सुधार दो।

समर्थ ने कहा, मैंने ठीक ही लिखा है। तुमने सफेद फूल ही देखे थे।

हनुमान ने कहा, कैसी बात करते हो! मैं स्वयं वहां गया और मैं ही झूठा!

अंत में झगड़ा रामचंद्रजी के पास पहुंचा। उन्होंने कहा, फूल तो सफेद ही थे, परंतु हनुमान की आंखें क्रोध से लाल हो रही थीं, इसलिए वे उन्हें लाल दिखाई दिये।

इस मधुर कथा का आशय यही है कि संसार की ओर देखने की जैसी हमारी दृष्टि होगी, संसार हमें वैसा ही दिखाई देगा।

2. वित्त में अमृतत्व नहीं–यह बहुत पुरानी कहानी है। याज्ञवलक्य ऋषि के दो पत्नियां थीं। एक सामान्य, संसार में आसक्ति रखनेवाली और दूसरी विवेकशील, जिसका नाम मैत्रेयी था। याज्ञवल्क्य को लगा कि अब घर छोड़कर आत्म-चिंतन के लिए बाहर जाना चाहिए। जाते समय उन्होंने दोनों पत्नियों को बुलाया और कहा, अब मैं घर छोड़कर जा रहा हूं। जाने से पहले जो भी संपत्ति है, आप दोनों में बांट दूं।

मैत्रयी ने पूछा, क्या पैसे से अमृत-जीवन प्राप्त हो सकता है?

याज्ञवल्कय ने जवाब दिया, नहीं, अमृतत्वस्य तु नाशास्ति वित्तेनवित्त से अमृतत्व की आशा करना बेकार है। उससे तो वैसा जीवन बनेगा, जैसाकि श्रीमानों का होता है। वह तो मृत-जीवन है। अमृत-जीवन की अगर इच्छा है तो आत्मा की व्यापकता का अनुभव करो। सबकी सेवा करो। सबसे एकरूप हो जाओ।

3. क्रोधाग्नि पर प्रेम का पानी–एक बार ज्ञानदेव महाराज को क्रोध आ गया तो उनकी बहन मुक्ताई ने कहा, ताटी उघड़ा ज्ञानेश्वरा, (ज्ञानेश्वर महाराज, आप अपना अकड़ना कम कीजिए)।

उन्होंने कहा, विश्व रागे झाले बहन, संत मुखे बहावे पानी। (यदि दुनिया आग-बबूला हो उठे तो संतों को चाहिए कि स्वयं पानी बन जायें)।

अग्नि को पानी बुझा देता है। अगर पानी में आग डाल दें तो क्या वह पानी को जला देगी या खुद बुझ जायेगी? संतों का स्वभाव भी ऐसा होना चाहिए। कोई कितना ही क्रोधित क्यों न हो, उन्हें शांत रहना चाहिए।

4. निष्पाप जीवन का रहस्य–एक सज्जन ने एकनाथ से पूछा, महाराज, आपका जीवन कितना सीधा-साधा और निष्पाप है! हमारा जीवन ऐसा क्यों नहीं? आप कभी किसी पर गुस्सा नहीं होते। किसी से लड़ाई झगड़ा नहीं, टंटा-बखेड़ा नहीं। कितने शांत, कितने प्रेमपूर्ण, कितने पवित्र हैं आप!

एकनाथ ने कहा, अभी मेरी बात छोड़ो। तुम्हारे संबंध में मुझे एक बात मालूम हुई है। आज से सात दिन के भीतर तुम्हारी मौत आ जायेगी।

एकनाथ की कही बात को झूठ कौन मानता! सात दिन में मृत्यु! सिर्फ 168 घंटे बाकी रहे! हे भगवान! यह क्या अनर्थ? वह मनुष्य जल्दी-जल्दी घर दौड़ गया। कुछ सूझ नहीं पड़ता था। आखिरी समय की, सब कुछ समेट लेने की, बातें कर रहा था। वह बीमार हो गया। बिस्तर पर पड़ गया। छः दिन बीत गये। सातवें दिन एक नाथ उससे मिलने आये। उसने नमस्कार किया। एकनाथ ने पूछा, क्या हाल है?

उसने कहा, बस अब चला!

नाथजी ने पूछा, इन छः दिनों में कितना पाप किया? पाप के कितने विचार मन में आये?

वह मरणासन्न व्यक्ति बोला, नाथजी, पाप का विचार करने की तो फुरसत ही नहीं मिली। मौत एक-सी आंखों के सामने खड़ी थी।

नाथजी ने कहा, हमारा जीवन इतना निष्पाप क्यों है, इसका उत्तर अब मिल गया न?

मरणरुपी शेर सदैव सामने खड़ा रहे, तो फिर पाप सूझेगा किसे?

5. संत की महानता—संत अलवार की झोपड़ी में उसके सोने भर की ही जगह थी। बारिश हो रही थी। किसी ने दरवाजे को खटखटाते हुए पूछा, क्या अंदर जगह है?

उसने जवाब दिया, हां, यहां पर एक सो सकता है, पर दो बैठ सकते हैं। जरुर अंदर आइये।

उसने उस भाई को अंदर ले लिया और दोनों बैठे रहे। इतने में तीसरा व्यक्ति आया और पूछने लगा, क्या अंदर जगह है?

संत अलवार ने जवाब दिया, हो, यहां, पर दो तो बैठ सकते हैं, पर तीन खड़े हो सकते हैं। आप भी आइये।

उसने उस भाई को भी अंदर बुला लिया और तीनों रातभर कोठरी में खड़े रहे।

उसने अगर यह कहा होता कि, समाजवाद तो तब होता, जब मेरा मकान बड़ा होता और तभी आपको जगह दी जाती, तो क्या उसे यह शोभा देता? या अगर वह यह कहता कि, मेरी कोठरी छोटी है, मेरे अकेले के ही सोने लायक है, इस हालत में मैं इसे कैसे बांट सकता हूं, अतः अन्य किसी के पास जाइये। तो वह संत अलवार नहीं बनता। वह एक सामान्य नीच मनुष्य ही होता, जिसे मनुष्य कहना भी मुश्किल है।

6. अपरिग्रही संन्यासी—एक संन्यासी अपने आपको अपरिग्रही कहता था। उसने अपने पास केवल एक तुंबा रखा था। एक दिन उसे प्यास लगी और वह नदी पर गया। साथ में तुंबा लिया। उसके पीछे-पीछे एक कुत्ता भी वहां पहुँचा। कुत्ते ने चट से पानी पिया और भाग गया। संन्यासी ने सोचा, मैं अपरिग्रही हूँ या कुत्ता, क्योंकि वह मेरे बाद आया और पानी पीकर चला भी गया। इसलिए सच्चा संन्यासी वहीं है। वहीं मेरा गुरु है। यह कहकर उसने तुंबा नदी को अर्पित कर दिया।

7. भगवान के बेटों को न सताओ—संत पाल की एक कहानी बड़ी मशहूर है। इस ईसाई संत ने ईसाई धर्म का खूब प्रचार किया था। वह पहले कोई महापंडित और ईसाइयत का घोर विरोधी था।

ईसा के शिष्य बिल्कुल सीधे-सादे और गरीब हुआ करते थे। कोई मछुआ था तो कोई बुनकर। मछुआ से ईसा ने कहा, कम एंड फॉलो मी, एंड आई विल मेक यू फिशर्ज ऑफ मैंन। (तुम मेरे पीछे आओ, मैं तुम्हे मछुआ नहीं, मनुष्य-मार बनाऊंगा।) वे अपना जाल छोड़कर ईसा के पीछे हो लिये।

ईसा के शिष्य एक के बाद एक मारे गये और सताये जाते थे। यह पाल ही, जो पहले साल था, उन्हें बहुत सताता था। एक बार ईसा के अनुयायी कहीं जा रहे थे और पाल उनको सतानेवाला था।

उसे पहली ही रात नींद नहीं आई और सपने में भगवान आकर बोले, सॉल! सॉल! व्हाई डू यू परसीक्यूट मी? (सॉल-सॉल, तुम मुझे क्यों सताते हो?)

पाल ने कहा, तुझे तो मैं नहीं सता रहा हूं। तुझे कब सताया है?

तब ईसा बोले, तू मेरे लड़कों को सताता है, तो मुझे ही सताता है।

वह वाक्य उसने सुना और उसके दिल का परिवर्तन हो गया। वह साल से पाल होकर ईसा का ऐसा श्रेष्ठ शिष्य बना, जिसके दिल में भगवान आ विराजे।

8. श्रद्धा नहीं तो बेड़ा गर्क—एक साधु था। उसने अपने चेले से कहा, राम-नाम जपने से मनुष्य हर संकट से पार हो सकता है। गुरु-वाक्य पर शिष्य को श्रद्धा तो थी, लेकिन पूरा-पूरा विश्वास नहीं था कि राम-नाम चाहे जिस संकट से उबार देगा।

एक बार उसे नदी पार करनी थी। वह बेचारा अर्धश्रद्धालु राम-नाम रटता हुआ नदी पार करने लगा। जैसे-जैसे गले तक पानी में गया और वहां से गोते

खाता हुआ बड़ी मुश्किल से वापस आ गया। गुरु से कहने लगा, लगातार नाम-स्मरण किया, लेकिन पानी कम नहीं हुआ। सब अकारथ गया।

गुरु बोला, अनेक बार नाम-स्मरण किया, इसलिए अकारथ गया। अगर नाम-स्मरण में श्रद्धा थी तो एक बार किया हुआ नाम-स्मरण तुझे काफी क्यों नहीं लगा? श्रद्धा कम थी इसीलिए तूने बार-बार नाम-स्मरण किया और इसीलिए गोते खाये।

9. पूर्णमद : पूर्णमिदम्—एक दफा एक पिता और पुत्र खाने बैठे। पिता की थाली में मां ने एक पूरा लड्डू रखा और बच्चे की थाली में आधा। बच्चा रोने लगा, हठ करने लगा कि हमे पूरा ही लड्डू चाहिए।

मां कुशल थी। उसने एक छोटा-सा गोल लड्डू बनाया और बच्चे को परोस दिया। लड़का खुश हुआ, क्योंकि उसे पूरा लड्डू मिल गया था।

इसका अर्थ यह हुआ कि बच्चा कहता है, मेरा बाप जितना पूर्ण आत्मा है, उतना ही पूर्ण आत्मा मैं भी हूं। मैं छोटा हूं, पर टुकड़ा नहीं हूं।

जो विश्व का राज होगा, वह बड़ा होगा और गांव का राज छोटा लड्डू होगा। पर वह भी पूर्ण होना चाहिए। इसीलिए हम हमेशा कहते हैंपूर्णमदः पूर्णमिदम्।

प्रखर बुद्धि के धारक

विनोबा भावे महात्मा गांधी के आदरणीय अनुयायी, भारत के एक सर्वाधिक जाने-माने समाज सुधारक एवं भू-दान यज्ञ नामक आन्दोलन के संस्थापक थे। इनकी समस्त जिंदगी साधु संन्यासियों जैसी रही, इसी कारणवश ये एक संत के तौर पर प्रख्यात हुए। विनोबा भावे अत्यंत विद्वान एवं विचारशील व्यक्तित्व वाले शख्स थे। महात्मा गाँधी के परम शिष्य जंग ए आजादी के इस योद्धा ने वेद, वेदांत, गीता, रामायण, कुरान, बाइबिल आदि अनेक धार्मिक ग्रंथों का उन्होंने गहन अध्ययन एवं मनन किया। अर्थशास्त्र, राजनीति और दर्शन के आधुनिक सिद्धांतों का भी विनोबा भावे ने गहन अवलोकन एवं चिंतन किया गया।

विनोबा भावे का मूल नाम विनायक नरहरि भावे था। एक कुलीन ब्राह्मण परिवार जन्मे विनोबा ने गांधी आश्रम में शामिल होने के लिए 1916 में हाई स्कूल की पढ़ाई बीच में ही छोड़ दी। गाँधी जी के उपदेशों ने भावे को भारतीय ग्रामीण जीवन के सुधार के लिए एक तपस्वी के रूप में जीवन व्यतीत करने के लिए प्रेरित किया।

विनायक की बुद्धि अत्यंत प्रखर थी। गणित उसका सबसे प्यारा विषय बन गया। हाई स्कूल परीक्षा में गणित में सर्वोच्च अंक प्राप्त किए। बड़ौदा में ग्रेजुएशन करने के दौरान ही विनायक का मन वैरागी बनने के लिए अति आतुर हो उठा। 1916 में मात्र 21 वर्ष की आयु में गृह त्याग कर दिया और साधु बनने के लिए काशी नगरी की ओर रूख किया। काशी नगरी में वैदिक पंड़ितों के सानिध्य में शास्त्रों के अध्ययन में जुट गए। महात्मा गाँधी की चर्चा देश में चारो ओर चल रही थी कि वह दक्षिणी अफ्रीका से भारत आ गए हैं और आजादी का बिगुल बजाने में जुट गए हैं। अखंड स्वाध्याय और ज्ञानाभ्यास के दौरान विनोबा का मन गाँधी जी से मिलने के लिए किया तो वह पंहुच गए अहमदाबाद के कोचरब आश्रम में। जब पंहुचे तो गाँधी जी सब्जी काट रहे थे। इतना प्रख्यात नेता सब्जी काटते हुए मिलेगा, ऐसा तो कदाचित विनाबा ने सोचा न था। बिना किसी उपदेश के स्वालंबन और श्रम का पाठ पढ़ लिया। इस मुलाकात के बाद तो जीवन भर के लिए वह बापू के ही हो गए।

सेवा के मूर्तिमान प्रतीक

अपने व्यक्तित्व विकास का रहस्य बतलाते हुए एक बार विनोबा भावे ने कहा कि "मैंने अपने शिक्षा काल में एक क्षण भी खराब नहीं किया और न कभी निरर्थक का निरुपयोगी श्रम किया। जो पूँजी मैंने उस समय जमा की है वह मेरे आज तक काम आ रही है। परिश्रम करने से परिश्रमशीलता का विकास होता है और जीवन की सारी सुख-शान्ति का निवास परिश्रम की गोद में ही होता है।"

सन्त विनोबा के माता-पिता बहुत ही धर्मात्मा और ईश्वर-भक्त थे। ब्राह्मणोचित गुणों से परिपूर्ण यह मराठा परिवार मध्यवर्ग का था।

विनोबा के जीवन पर माता-पिता के आचरण का इतना गहरा प्रभाव पड़ा कि धार्मिकता उनके रोम-रोम में बस गई। बहुत कुछ धार्मिक होने पर भी इनकी माता के विचार बड़े परिमार्जित एवं प्रगतिशील थे। हानिकर रूढ़ियों तथा निरर्थक परम्पराओं से उन्हें बहुत घृणा थी। जिन रीति-रिवाजों में वे कोई लाभकर तत्व न देखती थीं उनका पालन करना वे आवश्यक नहीं समझती थीं। माता की इस वैचारिक प्रगतिशीलता ने पुत्र की विचारधारा पर बड़ा ही वाँछित प्रभाव डाला जिससे उनमें बाल्यकाल से ही किसी विषय पर मौखिक रूप से विचार करने और उनकी उपयोगिता, अनुपयोगिता की विवेक बुद्धि का विकास हो गया। माता के

दिए हुए यह संस्कार आगे चलकर उनके जीवन में ज्योति बनकर चमके, जिससे आज वे धर्म के युगीन व्याख्याकार के रूप में सम्मानित हैं।

आचार्य विनोबा भावे को बाल्यकाल से ही सामूहिकता में बहुत विश्वास रहा। समय की पाबन्दी उनके माता-पिता की एक विशेष देन थी। प्रारम्भिक शिक्षा घर पर ही पाकर विनोबा ने बड़ौदा हाई स्कूल में कक्षा चार में प्रवेश लिया। घर पर माता-पिता द्वारा पढ़ाई में जगाई रुचि के कारण विनायक-विनोबा कक्षा के पाठ से सदैव आगे-चलते थे। अपनी पाठ्य- पुस्तकों के साथ वे अन्य-ज्ञानवर्धक पुस्तकें भी पढ़ा करते थे जिससे दिनों-दिन उनके ज्ञान की जिज्ञासा बलवती होती गई। मनुष्य जिस विषय के प्रति अपना हृदय समर्पित कर देता है, वह समयानुसार उसे अवश्य प्राप्त कर लेता है, फिर वह कितना ही कठिन क्यों न हो।

कठिनता अथवा दुरुहता का अपना कोई मौलिक अस्तित्व नहीं है। ये वास्तव में मनुष्य की अरुचि तथा अलग्नता के ही बदले हुए रूप होते हैं। तन्मयता, लगन, रुचि और परिश्रम किसी भी कठिन कहे जाने वाले कार्य को सरल बना देते हैं। सुरुचिपूर्ण संलग्नता में एक विशेषता है कि वह मनुष्य को कठिन एवं श्रमसाध्य विषयों की ओर ही झुकाती है, उन्हीं में रुचि उत्पन्न करती है। मस्तिष्क की अन्तिम सीमा तक पहुँचकर किसी विषय का निष्कर्ष निकालने पर ही किसी सच्चे अध्यवसायी को सन्तोष होता है। जिन कार्यों अथवा जिन विषयों में मन मस्तिष्क को अपना पूरा कर्तव्य निभाने का अवसर न मिले, ऐसे हल्के-फुल्के विषयों में ज्ञानान्वेषक की रुचि कम ही रहती है और सुरुचिपूर्ण संलग्नता की प्रवृत्ति ही मनुष्य के व्यक्तित्व को ज्ञान के प्रकाश से जगमगा कर पूर्ण बना देती है।

बालक विनायक-विनोबा को अन्य विषयों की अपेक्षा गणित में अधिक रुचि थी। प्रश्नों के अन्तराल में प्रवेश कर उनका हल निकालने में उसे वैसा ही आनन्द आता था जैसा किसी गोताखोर का समुद्र से मोती पाने में। गणित के विषय में अन्य सारे विद्यार्थी विनायक-विनोबा को अपना नेता मानते थे। दूसरों के दुरूह प्रश्नों को हल करने, उन्हें उसकी रीति बतलाने, नई विधियाँ सिखाने के कारण विनायक-विनोबा में एक उत्तरदायित्वपूर्ण गुरु-भाव का उदय हो जाने से उसमें प्रारम्भ से ही एक अपेक्षित गम्भीरता का समावेश हो गया जिसने उसके आचरण पर बड़ा ही अनुकूल प्रभाव डाला। अब वह प्रयत्न एवं परिश्रमपूर्वक अपनी योग्यता को निरन्तर तरो-ताजा बनाये रखने के लिये अधिकाधिक

अध्ययन करते और नये-नये विषयों में अपना पथ प्रशस्त करते, जिसके परिणामस्वरूप उनका मस्तिष्क प्रखर से प्रखर तर होता गया और वे बड़ौदा हाईस्कूल के विशेष विद्यार्थी बन गये।

अपनी लोकप्रियता के कारण हाई स्कूल तक पहुँचते-पहुँचते विनायक विनोबा विद्यार्थियों की एक बड़ी संख्या से घिरे रहने लगे। अपनी लोकप्रियता का उपयोग उन्होंने एक ऐसी मित्र-मंडली बनाकर किया जो अवकाश के समय में दूर-दूर तक भ्रमण करने जाती और देश, राष्ट्र तथा समाज की तात्कालिक समस्याओं के समझने समझाने के लिये विचार-विमर्श करती और आगे चलकर उसके समाधान के उपाय सोचती। माता-पिता के दिए संस्कारों के कारण विनायक विनोबा ने अपनी रुचि के अनुसार अपनी मित्र-मंडली में भी आध्यात्मिक रुचि उत्पन्न कर दी जो उनके चरित्र-निर्माण में बहुत दूर तक काम आई।

मैट्रिक के बाद कालिज के प्रथम वर्ष में विनायक-विनोबा ने अपनी मित्र-मंडली को "विद्यार्थी-मंडल" नामक संस्था में बदल दिया और सुव्यवस्थित कार्यक्रम के साथ शिक्षा-प्रसार तथा समाज सेवा का कार्य आरम्भ कर दिया। इसकी बैठकों में सामाजिक कुरीतियों तथा नैतिक पतन की कड़ी आलोचना की जाती। लोगों को सुधार की प्रेरणा दी जाती और प्रगतिशील नये विचारों की प्रतिस्थापना की जाती थी। जन-जागरण के लिये विनायक-विनोबा के इस 'विद्यार्थी-मंडल' ने "शिवाजी जयन्ती" 'हनुमान जयन्ती' 'गणपति-उत्सव' तथा 'दास नवमी' जैसे उत्सव इस प्रकार से मनाने आरम्भ किये, जिससे लोगों में धर्म के साथ राष्ट्रीय एवं सामाजिक चेतना भी जागने लगी। इसके अतिरिक्त विनायक-विनोबा के नेतृत्व में इस विद्यार्थी मंडल ने जनता से एक-एक पैसा तथा पुस्तकें माँगकर एक विशाल पुस्तकालय की स्थापना की जिसमें भोलर्स्वथ, क्यान्डी के अप्राप्य कोष भी प्राप्य हो गये।

किन्तु पराधीनता की गन्ध देने वाली स्कूली शिक्षा से विनायक-विनोबा को सन्तोष न हो सका, अस्तु वे दूसरे वर्ष ही कॉलेज छोड़कर सच्चे ज्ञान की तलाश में काशी चले गये और वहाँ से महात्मा गाँधी के साबरमती आश्रम। महात्मा गाँधी के साबरमती आश्रम के वातावरण तथा गाँधी जी के संपर्क में पहुँचने पर विनायक नरहरि भावे को जिनका कि नाम गाँधी जी ने विनोबा भावे रख दिया था, हार्दिक शान्ति मिली। वहाँ आकर उन्होंने अनुभव किया कि यही वह जगह है जहाँ संयमपूर्ण स्वावलम्बी तथा सच्ची सेवा भावना से ओत-प्रोत जीवन अपनाकर पूर्ण मनुष्य बनने का अवसर मिल सकता है।

मनुष्यता की पूर्णता प्राप्त करने के लिये विनोबा जी ने अपना सम्पूर्ण जीवन आश्रम की सेवा तथा उसके कार्यक्रमों को समर्पित कर दिया। लोक-कल्याण की भावना से किसी विशेष प्रयास के बिना ही विनोबा जी का आत्मिक स्तर स्वयं ही कुछ ऊँचा उठ गया और उनमें काम करने की एक अद्भुत शक्ति भर गई। कहना न होगा कि मानवता की मंगल कामना करने वाले को अन्य मनुष्यों की शक्ति का एक अंश स्वतः प्राप्त हो जाता है। इस विषय में जिसका दृष्टिकोण जितना व्यापक, जितना निःस्वार्थ और जितना ऊँचा होगा उसे दूसरों की शक्ति का अंश उसी अनुपात में अधिक प्राप्त होगा।

आश्रम में रहकर विनोबा जी सूत कातते, आध्यात्मिक अध्ययन करते, बच्चों को पढ़ाते, उन्हें दैनिक आचरण की शिक्षा देते, स्वावलम्बन, उद्योग तथा शारीरिक श्रम का अभ्यास कराते। उनकी इस परिश्रमपूर्ण शिक्षण कला से प्रभावित होकर आश्रमवासियों ने "वर्धा-शिक्षण-योजना" के नाम पर शिक्षा की एक पद्धति का ही श्रीगणेश कर दिया।

पर्याप्त समय तक आश्रम में रहकर जब प्रयत्न पूर्वक विनोबा जी ने अपने पवित्र आचरण को पूर्ण परिपक्व बना लिया और संयम की आँच में अपने को तपाकर शुद्ध मानवता के दर्शन कर लिये तब वे एक साल की छुट्टी लेकर देशाटन के लिये आश्रम से चल पड़े। जिसे अपने पूर्व गीता ज्ञान को उन्होंने गाँधी जी के संपर्क में विस्तृत किया था उसे अब व्यापक बनाने के लिए प्रकाण्ड विद्वान

नारायण शास्त्री मराठी के पास गये और पाठशाला में निरन्तर छः माह तक ब्रह्मसूत्र का अध्ययन किया। अन्तर नगर-नगर, ग्राम-ग्राम गीता का ज्ञान वितरित कर देश की सामाजिक अवस्था का अध्ययन करते हुये समय समाप्त हो जाने पर पुनः आश्रम वापस आ गये। अपने अनुभव, अध्यवसाय, अध्ययन, परिश्रम तथा सेवा भाव से विनोबा जी ने जो पात्रता अपने में उत्पन्न की थी, उसके सम्मान में गाँधी जी द्वारा ग्राम सेवा मंडल, सेवा ग्राम आश्रम, तालीमी संघ, चरखा संघ, ग्रामोद्योग संघ, गो सेवा संघ, महिला आश्रम आदि संस्थाओं के संचालन एवं प्रबन्ध का दायित्व उन्हें सौंप दिया, जिसे उन्होंने निस्पृह भाव से महात्मा गाँधी की सन्तोष-सीमा तक अदा कर दिखाया।

इसके अतिरिक्त स्वतन्त्रता संघर्ष में वे हर आन्दोलन तथा हर योजना के अंतर्गत जेल गये और अनेकों यातनायें सही। विनोबा जी के जीवन का प्रमुख लक्ष्य दरिद्र नारायण की सेवा करना रहा है। अपने जीवन में उन्हें दो ही बातें पसन्द थीं—आध्यात्मिक चिन्तन और दरिद्र नारायण की सेवा।

यद्यपि राजनैतिक आवश्यकता के समय भी विनोबा जी राजनीतिक व्यक्ति नहीं थे तथापि राजनीतिक स्वतन्त्रता प्राप्ति के बाद से तो वे देहातों तथा गरीबों को आर्थिक स्वतन्त्रता दिलाने के लिए दिन-रात पैदल चलकर गरीबों के लिए भूमि माँगते हैं। उनकी यह सेवा भू-दान तथा ग्राम दान के नाम से प्रसिद्ध है, और वे महात्मा गाँधी के आध्यात्मिक उत्तराधिकारी की भाँति भारत में पूजे जाते हैं।

अहिंसा के पुजारी

आचार्य विनोबा भावे अपने ज्ञान और सद्विचारों के कारण अत्यंत प्रिय थे। लोग उनसे उपदेश ग्रहण करने आते और प्राप्त ज्ञान को अपने व्यवहार में ढालकर बेहतर इंसान बनने का प्रयास करते। हर विषय पर उनके विचार इतने स्पष्ट और सरल होते कि सुनने वाले के हृदय में सीधे उत्तर जाते। उनके शिष्यों में न केवल भारतीय बल्कि विदेशी भी शामिल थे।

एक बार आचार्य विनोबा पदयात्रा करते हुए अजमेर पहुंचे। वहां भी उनके काफी शिष्य मौजूद थे। उन्होंने पहले अपना आवश्यक कार्य पूरा किया और फिर सभी से मिले। वहां उनके कुछ विदेशी शिष्य भी बैठे थे। उन्हीं में एक अमेरिकी शिष्य भी था। वह विनोबाजी से बोला—आचार्य जी, मैं अमेरिका

वापस जा रहा हूं। अपने देशवासियों को आपकी ओर से क्या संदेश दूं। विनोबाजी कुछ क्षण के लिए गंभीर हो गए और फिर बोले मैं क्या संदेश दूं? मैं तो बहुत छोटा आदमी हूं और आपका देश बहुत बड़ा है।

जब अमेरिकी ने काफी जिद की तो वे बोले—अपने देशवासियों से कहना कि वे अपने कारखानों में साल में तीन सौ पैसठ दिन काम कर खूब हथियार बनाएं क्योंकि तुम्हारे आयुध कारखानों और आदमियों को काम चाहिए। काम नहीं होगा, तो बेरोजगारी फैलेगी। किंतु जितने भी हथियार बनाएं, उन्हें तीन सौ पैसठवें दिन समुद्र में फेंक दें। विनोबाजी की बात का मर्म समझकर अमेरिकी का सिर शर्म से झुक गया। क्योंकि अमेरिका की हिंसक नीति सर्वविदित है।

विनोबाजी का यह संदेश आज के युग में और महत्वपूर्ण हो गया है। जबकि चारो ओर हिंसा व्याप्त है। हिंसा दरअसल हिंसा को ही जन्म देती है। हिंसा को अहिंसा से ही दबाया जा सकता है। यदि मन में संकल्प कर लें, तो हिंसा अंततः अहिंसा से पराजित हो जाती है।

अनमोल विचार

1. मनुष्य जितना ज्ञान में घुल गया हो उतना ही कर्म के रंग में रंग जाता है।

2. जिस राष्ट्र में चरित्रशीलता नहीं है, उसमें कोई योजना काम नहीं कर सकती।

3. ऐसे देश को छोड़ देना चाहिए जहाँ न आदर है, न जीविका, न मित्र, न परिवार और न ही ज्ञान की आशा।

4. स्वतंत्र वही हो सकता है, जो अपना काम अपने आप कर लेता है। विचारकों को जो चीज आज स्पष्ट दीखती है दुनिया उस पर कल अमल करती है।

5. केवल अंग्रेजी सीखने में जितना श्रम करना पड़ता है, उतने श्रम में भारत की सभी भाषाएँ सीखी जा सकती हैं।

6. कलियुग में रहना है या सतयुग में, यह तुम स्वयं चुनो, तुम्हारा युग तुम्हारे पास है।

7. प्रतिभा का अर्थ है बुद्धि में नई कोपलें फूटते रहना। नई कल्पना, नया उत्साह, नई खोज और नई स्फूर्ति प्रतिभा के लक्षण हैं।

8. महान विचार ही कार्य रूप में परिणत होकर महान कार्य बनते हैं।

9. जबतक कष्ट सहने की तैयारी नहीं होती तब तक लाभ दिखाई नहीं देता। लाभ की इमारत कष्ट की धूप में ही बनती है।

10. द्वेष बुद्धि को हम द्वेष से नहीं मिटा सकते, प्रेम की शक्ति ही उसे मिटा सकती है।

11. जिसने ज्ञान को आचरण में उतार लिया, उसने ईश्वर को मूर्तिमान कर लिया।

12. हिन्दुस्तान का आदमी बैल तो पाना चाहता है लेकिन गाय की सेवा करना नहीं चाहता। वह उसे धार्मिक दृष्टि से पूजन का स्वांग रचता है लेकिन दूध के लिये तो भैंस की ही कद्र करता है। हिन्दुस्तान के लोग चाहते हैं कि उनकी माता तो रहे भैंस और पिता हो बैल। योजना तो ठीक है लेकिन वह भगवान को मंजूर नहीं है।

13. मौन और एकान्त, आत्मा के सर्वोत्तम मित्र हैं।

14. हिन्दुस्तान की एकता के लिये हिन्दी भाषा जितना काम देगी, उससे बहुत अधिक काम देवनागरी लिपि दे सकती है।

15. गरीब वह नहीं जिसके पास धन कम है, बल्कि धनवान होते हुए भी जिसकी इच्छा कम नहीं हुई है, वह सबसे अधिक गरीब है।

16. सिर्फ धन कम रहने से कोई गरीब नहीं होता, यदि कोई व्यक्ति धनवान है और इसकी इच्छाएं ढेरों हैं तो वही सबसे गरीब है।

17. सेवा के लिये पैसे की जरूरत नहीं होती जरूरत है अपना संकुचित जीवन छोड़ने की, गरीबों से एकरूप होने की।

18. जिस त्याग से अभिमान उत्पन्न होता है, वह त्याग नहीं, त्याग से शांति मिलनी चाहिए, अंततः अभिमान का त्याग ही सच्चा त्याग है।

□ □ □